Treize Années À La Cour De Russie
(Péterhof, Septembre 1905--Ekaterinbourg, Mai 1918)

COLLECTION DE MÉMOIRES, ÉTUDES ET DOCUMENTS
POUR SERVIR A
L'HISTOIRE DE LA GUERRE MONDIALE

TREIZE ANNÉES A LA COUR DE RUSSIE
(PÉTERHOF, SEPTEMBRE 1905 — EKATERINBOURG, MAI 1918)

LE TRAGIQUE DESTIN

DE

NICOLAS II

ET DE SA FAMILLE

PAR

PIERRE GILLIARD
ANCIEN PRÉCEPTEUR
DU GRAND-DUC HÉRITIER ALEXIS NICOLAIÉVITCH

PAYOT, PARIS

LE TRAGIQUE DESTIN

DE

NICOLAS II

ET DE SA FAMILLE

LE GRAND-DUC HÉRITIER ALEXIS NICOLAÏÉVITCH,
AVEC SON CHIEN "JOY", SUR LE BALCON DU PALAIS ALEXANDRE.
TSARSKOIÉ-SÉLO, SEPTEMBRE 1914.

TREIZE ANNÉES A LA COUR DE RUSSIE

(PÊTERHOF, SEPTEMBRE 1905 — EKATERINBOURG, MAI 1918)

LE TRAGIQUE DESTIN

DE

NICOLAS II

ET DE SA FAMILLE

PAR

PIERRE GILLIARD

ANCIEN PRÉCEPTEUR
DU GRAND-DUC HÉRITIER ALEXIS NICOLAIÉVITCH

59 Photographies hors texte, 3 Fac-similés, 2 Cartes et 3 Plans dans le texte

PAYOT & Cᴵᴱ, PARIS
106, BOULEVARD SAINT-GERMAIN

1921

AVANT-PROPOS

En septembre 1920, après trois ans de séjour en Sibérie, je pus enfin rentrer en Europe. Je gardais tout vibrant le souvenir du drame poignant auquel j'avais été intimement mêlé, mais j'emportais aussi l'impression d'admirable sérénité et de foi ardente que m'avaient laissée ceux qui en avaient été les victimes.

Privé pendant de longs mois de toute communication avec le reste du monde, j'ignorais tout ce qui avait été récemment publié sur l'empereur Nicolas II et les siens. Ainsi que je ne tardai pas à m'en apercevoir, si quelques-uns de ces ouvrages témoignaient d'un sincère souci d'exactitude, et cherchaient à s'appuyer sur une sérieuse documentation, — encore que leurs renseignements fussent souvent erronés ou incomplets en ce qui concerne la famille impériale, — la plupart des autres n'étaient qu'un tissu d'absurdités et de mensonges, littérature de bas étage exploitant les plus indignes calomnies [1]. Lorsque je pris

---

1. Il suffit, pour montrer la valeur de ces écrits, de signaler le fait que, dans un de ces livres dont le récit tout entier est basé sur le témoignage certifié authentique d'un témoin *oculaire* du drame d'Ekaterinbourg, on peut lire la description de ma mort ! Tout le reste est à l'avenant.

A tous ceux qui ont le désir d'être renseignés sur la fin du règne de Nicolas II, je recommande la lecture des articles remarquables que M. Paléologue, ambassadeur de France à Pétrograd, publie en ce moment dans la *Revue des Deux-Mondes*.

*connaissance de certains d'entre eux, je fus révolté ; je le fus bien plus encore en constatant avec stupeur qu'ils avaient trouvé crédit auprès du grand public. Une réhabilitation de la personnalité morale des souverains russes s'imposait ; il y avait là une œuvre de justice et d'équité à accomplir. Je me décidai sur-le-champ à la tenter. Telle fut l'origine des articles que je publiai au commencement de l'année, dans l'*Illustration [1]*, et qui, remaniés et complétés, forment la matière de quelques chapitres du présent ouvrage.*

C'est le drame de toute une vie que je vais essayer de décrire, tel que je l'ai tout d'abord pressenti sous les dehors brillants d'une cour fastueuse, tel qu'il m'est ensuite apparu pendant notre captivité, alors que les circonstances me permettaient de pénétrer dans l'intimité des souverains. Le crime d'Ekaterinbourg n'est en effet que l'aboutissement d'une cruelle destinée, le dénouement d'une des tragédies les plus émouvantes qui aient été vécues. Je voudrais dans les pages qui vont suivre m'efforcer d'en montrer la nature et d'en retracer les étapes douloureuses.

Bien peu soupçonnèrent ce drame caché ; pourtant son importance au point de vue historique est capitale. La maladie du grand-duc héritier domine toute la fin du règne de l'empereur Nicolas II, et seule elle l'explique. Elle est, sans qu'il y paraisse, une des causes principales de sa chute, puisque d'une part elle permit l'emprise de Raspoutine et que, d'autre part, elle eut pour effet l'isolement fatal des souverains repliés sur eux-mêmes, et absorbés dans une préoccupation douloureuse qu'il fallait cacher à tous les yeux.

---

1. Je tiens à remercier la rédaction de l'*Illustration*, qui a eu l'amabilité de nous prêter les clichés des cartes et des plans qui figurent dans ce volume.

J'ai cherché dans ce livre à faire revivre, tels que je les ai connus, l'empereur Nicolas II et les siens, m'efforçant de rester toujours impartial et d'exposer en toute indépendance de jugement les événements dont j'ai été. le témoin. Il se peut que, dans mon souci de vérité, je fournisse à leurs ennemis politiques de nouvelles armes contre eux, mais j'ai le ferme espoir que, de mon récit, se dégagera leur véritable personnalité, car ce n'est pas le prestige de leur dignité impériale qui m'a attiré à eux, mais bien la noblesse de leurs sentiments et l'admirable grandeur morale dont ils ont fait preuve dans la souffrance.

Avril 1921.

CHAPITRE PREMIER

MES PREMIÈRES LEÇONS A LA COUR

(*Automne 1905*)

Au cours de l'automne 1904, j'acceptai l'offre qui m'était faite de passer un an comme professeur de français auprès du duc Serge de Leuchtenberg.

Le père de mon élève, le duc Georges de Leuchtenberg, était le petit-fils d'Eugène de Beauharnais ; par sa mère, la grande-duchesse Marie Nicolaïévna, fille de Nicolas Ier, il était cousin de l'Empereur Nicolas II.

La famille se trouvait alors dans la petite propriété qu'elle possédait sur les bords de la mer Noire et y séjourna pendant tout l'hiver. C'est là que nous surprirent les tristes événements du printemps de 1905 et que nous vécûmes les heures tragiques provoquées par la révolte de la flotte de la mer Noire, le bombardement de la côte, les pogroms, et la violente répression qui suivit. Dès le début la Russie se révélait à moi sous un aspect terrible et chargé de menaces, présage des horreurs et des souffrances qui m'y attendaient.

Au commencement de juin, la famille vint s'établir dans la belle villa de Serghievskaïa Datcha que le duc possédait à Péterhof. Le contraste était frappant :

nous quittions la côte aride de la **Crimée** méridionale, les petits villages tatares enfouis dans la montagne et les cyprès poussiéreux, pour les immenses forêts de pins et l'exquise fraîcheur des bords du golfe de Finlande.

Péterhof avait été le séjour de prédilection de Pierre le Grand, son fondateur. C'est là qu'il venait se reposer des rudes labeurs que lui valait la construction de Saint-Pétersbourg, cette ville que sa volonté fit surgir comme par enchantement des marais de l'estuaire de la Néva et qui allait devenir la rivale des grandes capitales européennes.

Tout à Péterhof rappelle celui qui lui donna naissance. C'est d'abord Marly dont il fit quelque temps sa résidence, « maisonnette » posée au milieu de l'eau, sur une bande de terre qui sépare deux grands bassins ; puis, près du golfe, l'Hermitage, où il aimait à traiter ses collaborateurs dans des festins arrosés de copieuses libations. C'est aussi Monplaisir, construction de goût hollandais, qui était sa demeure favorite, et dont la terrasse surplombe la mer : il est étonnant de constater combien ce « terrien » a aimé l'eau ! C'est enfin le Grand Palais, qui, avec ses pièces d'eau et les belles perspectives de son parc, devait, dans son idée, égaler les splendeurs de Versailles.

Tous ces bâtiments, sauf le Grand Palais qu'on utilise encore pour les réceptions, présentent l'aspect de ces édifices abandonnés et vides auxquels seule l'évocation du passé vient rendre la vie.

L'empereur Nicolas II avait gardé la prédilection de ses ancêtres pour cet endroit exquis qu'est Péterhof, et il venait, chaque été, habiter avec les siens le petit ˙tage d'Alexandria, entouré d'un parc touffu qui rite des regards indiscrets.

La famille du duc de Leuchtenberg passa tout l'été de 1905 à Péterhof. Les rapports entre Alexandria et Serghievskaïa Datcha étaient fréquents, car une intime amitié liait alors l'impératrice et la duchesse de Leuchtenberg. J'eus donc l'occasion de voir quelquefois les membres de la famille impériale. A l'expiration de mon contrat, on me proposa de rester auprès de mon élève en qualité de précepteur et de me charger de l'enseignement du français aux grandes-duchesses Olga Nicolaïévna et Tatiana Nicolaïévna, filles aînées de l'empereur Nicolas II. J'acceptai et, après un court séjour en Suisse, je rentrai à Péterhof, dans les premiers jours de septembre. Quelques semaines plus tard, je débutai dans mes nouvelles fonctions à la cour impériale.

Au jour fixé pour ma première leçon, une voiture du palais vint me chercher pour me conduire au cottage d'Alexandria où se trouvaient encore l'empereur et les siens. Mais, malgré le cocher à livrée, la voiture aux armes de la cour, et les ordres qui sans doute avaient été donnés à mon sujet, j'appris à mes dépens que ce n'était pas sans difficulté qu'on pénétrait jusqu'à la résidence de Leurs Majestés. Je fus arrêté à la grille du parc et il fallut quelques minutes de pourparlers avant qu'on me laissât libre entrée. Je ne tardai pas, au tournant d'une allée, à apercevoir deux petites constructions en briques reliées par un pont couvert. Elles étaient d'une simplicité telle, que je les pris pour des dépendances du palais. L'arrêt de la voiture me fit seul comprendre que j'étais arrivé à destination.

On m'introduit au deuxième étage, dans une petite chambre, très sobrement garnie de meubles de style anglais. La porte s'ouvre et l'impératrice entre, tenant par la main ses deux filles Olga et Tatiana. Après

quelques paroles aimables, elle prend place à la table,
et me fait signe de m'asseoir en face d'elle; les enfants
s'installent des deux côtés.

L'impératrice était encore fort belle à cette époque;
c'était une femme grande et svelte, au port de tête
superbe, mais tout cela ne comptait plus dès qu'on
avait rencontré ses yeux, de grands yeux gris-bleu
magnifiquement vivants où s'exprimaient toutes les
émotions d'une âme vibrante.

L'aînée des grandes-duchesses, Olga, fillette de dix
ans, très blonde, yeux pétillants de malice, nez légère-
ment relevé, m'examinait avec un regard qui semblait
chercher dès la première minute le défaut de la cuirasse,
mais il se dégageait de cette enfant une impression de
pureté et de franchise qui vous la rendait de prime
abord sympathique.

La seconde, Tatiana, âgée de huit ans et demi, aux
cheveux châtains, était plus jolie que sa sœur, mais
donnait l'impression de moins d'ouverture, de franchise
et de spontanéité.

La leçon commence; je suis étonné, gêné par la
simplicité même d'une situation que j'avais imaginée
tout autre. L'impératrice ne perd pas une de mes
paroles; j'ai le sentiment très net que ce n'est pas une
leçon que je donne, mais un examen que je subis. La
disproportion qu'il y a entre mon attente et la réalité
me désoriente. Pour surcroît de malheur, je m'étais
figuré mes élèves beaucoup plus avancées qu'elles ne le
sont en réalité; j'avais choisi quelques exercices : ils
se trouvent beaucoup trop difficiles; ma leçon préparée
ne sert à rien, il faut improviser, user d'expédients...
Enfin, — à mon grand soulagement, — la pendule
sonnant l'heure vient mettre fin à mon épreuve.

Pendant les semaines qui suivirent, l'impératrice assista régulièrement aux leçons des enfants auxquelles elle prenait un intérêt visible. Il lui arrivait souvent, lorsque ses filles nous avaient quittés, de discuter avec moi des moyens et des méthodes à employer pour l'enseignement des langues vivantes, et je fus toujours frappé du bon sens et de la perspicacité de ses réflexions.

J'ai gardé de ces débuts le souvenir d'une leçon qui eut lieu un ou deux jours avant la promulgation du manifeste d'octobre 1905, qui octroya la Douma. L'impératrice avait pris place, ce jour-là, dans un fauteuil près de la fenêtre ; d'emblée, elle m'avait paru absente et préoccupée ; sa figure trahissait malgré elle le trouble de son âme. Elle fit des efforts visibles pour ramener sur nous son attention, mais elle tomba bientôt dans une rêverie douloureuse, où elle s'absorba tout entière. Son ouvrage reposait sur ses genoux ; elle avait croisé les mains, son regard comme perdu en elle-même suivait ses pensées, indifférent aux choses présentes... D'habitude, quand l'heure était achevée, je fermais mon livre et j'attendais qu'en se levant l'impératrice me donnât la liberté de prendre congé. Mais, cette fois, malgré le silence qui marquait la fin de nos occupations, elle était si plongée dans sa méditation qu'elle ne fit aucun mouvement. Les minutes passaient, les enfants s'impatientaient ; je rouvris mon livre et repris ma lecture. Au bout d'un quart d'heure seulement, une des grandes-duchesses, s'approchant de sa mère, la rappela à la conscience de l'heure.

Au bout de quelques mois, l'impératrice se fit remplacer à mes leçons par une de ses demoiselles d'honneur, la princesse Obolenski. Elle marquait ainsi le terme de cette sorte d'épreuve à laquelle elle m'avait soumis.

Ce changement me soulagea, je dois l'avouer ; je me trouvais plus à mon aise en présence de la princesse Obolenski, qui me seconda du reste avec beaucoup de dévouement. Mais j'ai gardé, de ces premiers mois, le souvenir très précis de l'intérêt extrême que l'impératrice, comme une mère toute attachée à son devoir, portait à l'éducation et à l'instruction de ses enfants. Au lieu de la tsarine hautaine et froide dont on m'avait tant parlé, je m'étais, à mon grand étonnement, trouvé en présence d'une femme simplement dévouée à sa tâche maternelle.

C'est à ce moment aussi que j'ai pu, à certains indices, me rendre compte que la réserve dont tant de gens se disaient blessés, et qui lui valait tant d'hostilité, était plutôt l'effet d'une timidité naturelle, et comme un masque de sa sensibilité.

Un détail montre bien le souci d'exactitude que l'impératrice apportait à s'occuper de ses filles, et témoigne aussi des égards qu'elle tenait à leur inspirer pour leurs maîtres, en exigeant d'elles l'ordre qui est le premier élément de la politesse. Tant qu'elle assista à mes leçons, je trouvai toujours, à mon entrée, les livres et les cahiers disposés avec soin sur la table devant la place de chacune de mes élèves, et jamais on ne me fit attendre un instant. Il n'en fut pas toujours de même dans la suite.

A mes premières élèves, Olga et Tatiana, vinrent se joindre successivement, quand elles eurent atteint leur neuvième année, Marie d'abord, en 1907, et Anastasie, en 1909 [1].

1. C'est en 1909 que prirent fin mes fonctions de précepteur auprès du duc Serge de Leuchtenberg. J'eus alors plus de temps à consacrer à mes leçons à la cour.

LE GRAND-DUC HÉRITIER ALEXIS NICOLAIÉVITCH
A 15 MOIS (1905).

L'IMPÉRATRICE ALEXANDRA FÉODOROVNA,
QUELQUES MOIS AVANT SON MARIAGE, ÉTÉ 1894.

ALEXIS NICOLAÏÉVITCH, DANS LE PARC DE TSARSKOÏÉ-SÉLO.
HIVER 1908 A 1909.

LES QUATRE GRANDES-DUCHESSES. CRIMÉE, 1909.
(De gauche à droite : Anastasie, Tatiana, Marie et Olga.)

La santé de l'impératrice, éprouvée déjà par l'inquiétude que lui causait la menace suspendue sur la vie du
tsarévitch, l'empêcha de plus en plus de suivre les études
de ses filles. Je ne me représentais pas encore quelle
était la raison de son apparente indifférence et j'étais
disposé à lui en faire un grief, mais les événements
n'allaient pas tarder à me l'apprendre.

CHAPITRE II

ALEXIS NICOLAÏÉVITCH. — SÉJOURS EN CRIMÉE
(Automne 1911 et Printemps 1912)

A SPALA
(Automne 1912)

La famille impériale avait l'habitude de passer l'hiver à Tsarskoïé-Sélo, jolie petite ville de villégiature à quelque 20 kilomètres au sud de Pétrograd. Elle est située sur une éminence dont la partie la plus élevée est occupée par le Grand Palais, séjour favori de Catherine II. Non loin de là, dans un parc semé de petits lacs artificiels, s'élève, à demi cachée par les arbres, une construction beaucoup plus modeste, le palais Alexandre. L'empereur Nicolas II en avait fait sa résidence habituelle après les tragiques événements de janvier 1905.

L'empereur et l'impératrice habitaient le rez-de-chaussée d'une des ailes du palais et leurs enfants l'étage au-dessus ; le corps central comprenait des salles d'apparat et l'aile opposée était occupée par quelques personnes de la suite. C'est dans ce cadre qui correspondait si bien à ses goûts modestes que vivait la famille impériale.

C'est là qu'en février 1906 je vis pour la première fois le tsarévitch Alexis Nicolaïévitch, alors âgé d'un an et demi. Voici dans quelles circonstances. J'étais venu ce jour-là, comme d'habitude, au palais Alexandre où mes fonctions m'appelaient plusieurs fois par semaine. J'allais terminer ma leçon avec Olga Nicolaïévna, lorsque l'impératrice entra, portant dans ses bras le grand-duc héritier. Elle s'avança vers nous avec l'intention évidente de me montrer celui que je ne connaissais pas encore. On voyait percer en elle la joie débordante d'une mère qui a vu enfin s'accomplir son vœu le plus cher. On la sentait fière et heureuse de la beauté de son enfant. Le tsarévitch était alors, en effet, un des plus superbes bébés qu'on pût rêver, avec ses belles boucles blondes, ses grands yeux gris-bleu qu'ombrageaient de longs cils recourbés. Il avait le teint frais et rosé d'un enfant bien portant et l'on voyait, quand il souriait, se dessiner deux petites fossettes dans ses joues pleines. Lorsque je m'approchai de lui, il me regarda d'un air sérieux et intimidé, et c'est à grand' peine qu'il se décida à me tendre sa petite main.

Pendant cette première entrevue, je vis à plusieurs reprises l'impératrice étreindre le tsarévitch avec le geste tendre d'une mère qui semble toujours craindre pour la vie de son enfant; mais, chez elle, cette caresse et le regard qui l'accompagnait décelaient une angoisse secrète si précise, si poignante, que j'en fus frappé sur l'heure. Ce n'est que bien longtemps plus tard que je devais en comprendre le sens.

Dans les années qui suivirent, j'eus l'occasion de plus en plus fréquente de voir Alexis Nicolaïévitch, qui échappait à son matelot et accourait dans la salle d'étude de ses sœurs où l'on ne tardait pas à venir le rechercher. Parfois, cependant, ses visites cessaient subitement et, pendant un temps assez long, on ne le voyait plus. Chacune de ces disparitions provoquait chez tous les habitants du palais un état de profond abattement qui se trahissait chez mes élèves par une tristesse qu'elles essayaient en vain de cacher. Lorsque je les interrogeais, elles cherchaient à éluder mes questions et me répondaient d'une façon évasive qu'Alexis Nicolaïévitch était indisposé. Je savais, d'autre part, qu'il était atteint d'une maladie dont on parlait à mots couverts et dont personne n'avait pu me préciser la nature.

Comme je l'ai dit plus haut, à partir de 1909, libéré de mes fonctions de précepteur auprès du duc Serge de Leuchtenberg, je pus consacrer plus de temps aux grandes-duchesses. J'habitais Saint-Pétersbourg et me rendais cinq fois par semaine à Tsarskoïé-Sélo. Bien que le nombre de mes leçons eût été considérablement augmenté, les progrès de mes élèves étaient lents, d'autant plus que la famille impériale faisait des séjours de plusieurs mois en Crimée. Je déplorais de plus en plus qu'on ne leur eût pas donné de gouvernante française, et à leur retour je constatais toujours qu'elles avaient beaucoup oublié. Mademoiselle Tioutcheva, leur gouvernante russe, malgré son grand dévouement et sa connaissance parfaite des langues, ne pouvait suffire à tout. C'est pour remédier à cet inconvénient que l'impératrice me demanda d'accompagner la famille impériale lorsqu'elle quittait Tsarskoïé-Sélo pour un temps prolongé.

Le premier séjour que je fis dans ces conditions fut celui de Crimée, en automne 1911. J'habitais la petite ville de Yalta avec mon collègue M. Pétrof, professeur de russe, qui avait été invité également à continuer son enseignement ; nous allions chaque jour à Livadia pour nos leçons.

C'était là un genre de vie qui nous plaisait fort, car, en dehors de nos occupations, nous étions complètement libres, et pouvions jouir du beau climat de la « Riviera russe » sans être astreints aux formalités de la vie de cour.

Au printemps de l'année suivante, la famille impériale passa de nouveau quelques mois en Crimée. On nous logea, M. Pétrof et moi, dans un petit pavillon du parc de Livadia. Nous mangions avec un certain nombre d'officiers et de fonctionnaires de la cour, la suite seule et quelques invités de passage étant admis au déjeuner de la famille impériale qui, le soir, dînait dans l'intimité.

Mais quelques jours après notre arrivée, l'impératrice, voulant, comme je l'appris plus tard, marquer par une délicate attention l'estime où elle tenait ceux à qui elle confiait l'instruction de ses enfants, nous fit inviter par le maréchal de la cour à la table impériale.

Je fus très sensible au sentiment qui avait inspiré ce geste ; mais ces repas nous imposèrent, au début tout au moins, une contrainte assez fatigante, quoique l'étiquette de la cour, dans le train des jours ordinaires, ne fût pas très exigeante.

Mes élèves aussi semblaient ennuyées par ces longs déjeuners ; et c'est avec plaisir que nous nous retrouvions dans la salle d'étude pour reprendre, en toute simplicité de rapports, nos lectures de l'après-midi. Je voyais assez peu Alexis Nicolaïévitch. Il prenait presque toujours ses repas avec l'impératrice qui le plus souvent restait chez elle.

Nous rentrâmes le 10 juin à Tsarskoïé-Sélo et la famille impériale se rendit peu après à Péterhof d'où elle partait chaque été pour faire sur le *Standard* sa croisière habituelle dans les fiords de la Finlande.

Au commencement de septembre 1912, la famille impériale partit pour la forêt de Biélovèje [1] où elle passa quinze jours, puis se rendit à Spala [2], en Pologne, pour un séjour plus prolongé. C'est là que je la rejoignis à la fin de septembre avec M. Petrof. Peu après mon arrivée, l'impératrice m'annonça qu'elle désirait que je commençasse à m'occuper d'Alexis Nicolaïévitch. Je lui donnai ma première leçon le 2 octobre, en présence de sa mère. L'enfant — qui avait alors huit ans et demi — ne savait pas un mot de français, et je rencontrai dans mes débuts des difficultés considérables. Mon enseignement fut bientôt interrompu, car Alexis Nicolaïévitch, qui dès l'abord m'avait semblé souffrant, dut bientôt s'aliter. Nous avions été frappés, à notre arrivée, mon collègue et moi, de la pâleur de l'enfant, et du fait qu'on le portait comme s'il eût été incapable de marcher [3]. Le mal dont il souffrait s'était donc, sans doute, aggravé...

Quelques jours plus tard, on chuchotait que son état inspirait de vives inquiétudes, et que l'on avait appelé de Saint-Pétersbourg les professeurs Rauchfuss et

1. Chasse impériale, dans le gouvernement de Grodno. C'est le seul endroit, avec le Caucase, où l'on rencontre encore l'aurochs, le bison d'Europe, qui s'est conservé jusqu'à nos jours dans ces immenses forêts couvrant près de 1.200 hectares.

2. Ancienne chasse des rois de Pologne.

3. C'était en général le maître d'équipage Dérévenko, ancien matelot du yacht impérial, *Standard*, qui portait l'enfant, auquel il était attaché depuis plusieurs années.

Fiodrof. Cependant la vie continuait comme par le passé, les parties de chasse se succédaient, et les invités étaient plus nombreux que jamais... Un soir après le dîner, les grandes-duchesses Marie et Anastasie Nicolaïévna jouaient dans la salle à manger, devant Leurs Majestés, la suite, et quelques invités, deux petites scènes du *Bourgeois gentilhomme*. Faisant fonction de souffleur, je m'étais dissimulé derrière un paravent qui servait de coulisse, et en me penchant un peu je pouvais apercevoir, au premier rang des spectateurs, l'impératrice, animée et souriante, causant avec ses voisins.

La représentation terminée, je sortis par la porte de service et me trouvai dans le couloir devant la chambre d'Alexis Nicolaïévitch dont les plaintes parvenaient distinctement à mes oreilles. Brusquement, j'aperçus devant moi l'impératrice qui arrivait en courant, relevant à deux mains, dans sa hâte, sa longue robe qui l'embarrassait. Je m'effaçai contre le mur, elle passa à côté de moi sans me remarquer. Elle avait le visage bouleversé et crispé d'angoisse. Je retournai dans la salle : l'animation y était intense, les laquais en livrée circulaient avec des plateaux de rafraîchissements ; tout le monde riait, plaisantait ; la soirée battait son plein. L'impératrice rentra quelques minutes plus tard ; elle avait repris son masque et s'efforçait de sourire à ceux qui s'empressaient au devant d'elle. Mais j'avais remarqué que l'empereur, tout en causant, s'était placé de façon à surveiller la porte, et je saisis au passage le regard désespéré que l'impératrice lui jeta du seuil. Une heure plus tard, je rentrai chez moi, encore profondément troublé par cette scène qui m'avait fait comprendre tout à coup le drame de cette double existence.

Cependant, quoique l'état du malade se fût encore aggravé, la vie, en apparence, n'avait guère subi de changement. Seule l'impératrice se montrait de moins en moins souvent ; mais l'empereur, dominant ses inquiétudes, continuait ses parties de chasse, et les dîners ramenaient chaque soir les hôtes habituels.

Le 17 octobre, le professeur Fiodrof arriva enfin de Saint-Pétersbourg. Je le vis un instant le soir ; il avait l'air très préoccupé. Le jour suivant, c'était la fête d'Alexis Nicolaïévitch. A part le service religieux, il n'y eut aucune manifestation ; tout le monde, suivant l'exemple de Leurs Majestés, s'efforçait de cacher ses angoisses.

Le 19 octobre, la fièvre avait encore augmenté : 38°7 le matin, 39° le soir. L'impératrice fit appeler le professeur Fiodrof pendant le dîner. Le dimanche, 20 octobre, l'état ne fit qu'empirer. Il y eut cependant au déjeuner quelques invités. Le lendemain enfin, comme la température atteignait 39°6 et que le cœur était très faible, le comte Frédériks demanda à l'empereur de faire publier des bulletins de santé : le premier fut expédié le soir même à Saint-Pétersbourg.

Il avait donc fallu l'intervention du ministre de la cour pour qu'on se décidât à avouer la gravité de l'état du tsarévitch.

Pourquoi l'empereur et l'impératrice s'étaient-ils imposé cette effroyable contrainte ? Pourquoi, alors qu'ils n'avaient qu'un désir: être auprès de leur enfant malade, s'étaient-ils astreints à paraître, le sourire aux lèvres, au milieu de leurs hôtes ? C'est qu'ils ne voulaient pas que l'on connût la nature du mal dont souffrait le grand-duc héritier, et que, je l'avais compris, cette maladie avait à leurs yeux l'importance d'un secret d'État.

Au matin du 22 octobre, l'enfant avait 39°1 de
fièvre. Cependant vers midi les douleurs diminuèrent
peu à peu et les médecins purent procéder à un examen
plus complet du malade qui s'y était refusé jusque-là,
à cause des souffrances intolérables qu'il endurait.

L'après-midi à trois heures, il y eut un service religieux dans la forêt ; un grand nombre de paysans des
environs y assistèrent.

Depuis la veille on disait deux fois par jour des prières
pour la guérison du grand-duc héritier. Comme il n'y
avait pas d'église à Spala, on avait, au début de notre
séjour, installé dans le parc une tente avec un petit
autel de campagne. C'est là que le prêtre officiait maintenant soir et matin.

Au bout de quelques jours pendant lesquels l'angoisse
étreignait tous les cœurs, la crise fut surmontée et l'enfant entra en convalescence ; mais cette convalescence
fut longue et l'on sentait, malgré tout, que l'inquiétude
continuait à peser. Comme l'état du malade exigeait
une surveillance constante et très avisée, le professeur
Fiodrof avait fait venir de Saint-Pétersbourg un de ses
jeunes assistants, le chirurgien Wladimir Dérévenko [1],
qui resta depuis ce moment attaché à l'enfant.

Les journaux de l'époque ont beaucoup parlé de cette
maladie du tsarévitch ; les récits les plus fantaisistes
ont couru à ce sujet. Je n'ai moi-même appris la vérité
que plus tard de la bouche du Dr Dérévenko. La crise
avait été provoquée par une chute d'Alexis Nicolaïévitch à Biélovèje : en voulant sortir d'un petit bateau,
il était venu heurter de la hanche gauche contre le
bordage et le coup avait occasionné une hémorragie

-----

1. Il portait le même nom de famille que le maître d'équipage Dérévenko, dont il a été question plus haut ; d'où des confusions fréquentes.

interne assez abondante. L'enfant était déjà en voie de guérison lorsqu'une imprudence vint, à Spala, aggraver subitement son état. Une tumeur sanguine se forma au pli de l'aine et faillit amener une grave infection.

Le 16 novembre, avec d'infinies précautions, mais sans trop de danger de rechute, on put songer à ramener l'enfant de Spala à Tsarskoïé-Sélo où la famille passa tout l'hiver.

L'état de santé d'Alexis Nicolaïévitch exigeait des soins médicaux assidus et très spéciaux. Il était résulté de sa maladie de Spala une atrophie temporaire des nerfs de la jambe gauche qui avait perdu en partie sa sensibilité et restait repliée, sans qu'il fût possible à l'enfant de l'étendre. Il fallut donc un traitement de massages et l'intervention d'un appareil orthopédique qui, graduellement, ramena la jambe à sa position normale. Il va sans dire que, dans ces circonstances, je ne pouvais songer à reprendre mes occupations auprès du grand-duc héritier. Cette situation se prolongea jusqu'aux grandes vacances de 1913.

J'avais l'habitude de rentrer chaque été en Suisse; cette année-là, l'impératrice me fit savoir, quelques jours avant mon départ, qu'elle avait l'intention de me confier, à mon retour, les fonctions de précepteur d'Alexis Nicolaïévitch. Cette nouvelle me remplit à la fois de joie et de crainte. J'étais très heureux de la confiance qu'on me témoignait; mais j'appréhendais la responsabilité qui allait peser sur moi. Je sentais, toutefois, que je n'avais pas le droit de me soustraire à la lourde tâche qui m'incombait, puisque les circonstances allaient me permettre d'avoir peut-être une influence directe, si petite fût-elle, sur la formation intellectuelle de celui qui serait un jour le souverain d'un des plus grands États de l'Europe.

CHAPITRE III

MES DÉBUTS COMME PRÉCEPTEUR. — LA MALADIE DU TSARÉVITCH

(Automne 1913)

Je rentrai à Saint-Pétersbourg à la fin du mois d'août. La famille impériale était en Crimée. Je passai à la chancellerie de Sa Majesté [1], pour me mettre au courant des derniers arrangements, et je partis pour Livadia où j'arrivai le 3 septembre. Je retrouvai Alexis Nicolaïévitch pâli et amaigri. Il était encore très souffrant. On lui faisait subir un traitement de bains de boue à haute température qui l'éprouvait beaucoup, et que les médecins avaient ordonné pour faire disparaître les derniers troubles résultant de l'accident de Spala.

Je m'attendais naturellement à être appelé auprès de l'impératrice, à recevoir de sa bouche des instructions précises et des recommandations. Mais elle demeura invisible ; elle n'assistait pas aux repas. Elle me fit seulement dire par Tatiana Nicolaïévna que, pendant la durée du traitement, toute occupation régulière avec Alexis Nicolaïévitch était impossible ; elle me priait, pour que l'enfant pût s'habituer à moi, de l'ac-

[1]. Afin d'éviter toute équivoque, je n'emploierai l'expression : Sa Majesté, qu'en parlant de l'impératrice.

compagner dans ses promenades et de passer auprès
de lui le plus de temps que je pourrais.

J'eus alors un long entretien avec le Dr Dérévenko :
il m'apprit que le grand-duc héritier était atteint
d'hémophilie, maladie héréditaire qui, dans certaines
familles, se transmet de génération en génération *par
les femmes* à leurs enfants mâles. Seuls les hommes en
sont victimes. Il m'expliqua que la moindre blessure
pouvait entraîner la mort de l'enfant, car le sang de
l'hémophilique n'a pas la faculté de se coaguler comme
celui d'un être normal. De plus, le tissu de ses artères
et de ses veines est d'une fragilité telle que tout choc,
tout heurt, tout effort violent peut amener une rupture
de vaisseau et occasionner une hémorragie fatale. Voilà
la terrible maladie dont souffrait Alexis Nicolaïévitch,
menace perpétuelle suspendue sur sa tête : une chute,
un saignement de nez, une simple coupure, tout ce qui,
pour un autre enfant, n'aurait été qu'une bagatelle,
pouvait être pour lui mortel. Il fallait donc l'entourer
de soins extrêmes, surtout pendant ses premières
années [1], et, par une vigilance constante, tâcher de
prévenir tout accident. C'est pourquoi, sur les instances
des médecins, on lui avait donné comme gardes du corps
deux anciens matelots du yacht impérial, le maître
d'équipage Dérévenko et son aide Nagorny, qui devaient
à tour de rôle veiller sur lui.

---

1. Environ 85 % des hémophiliques meurent dans leur enfance ou leur
jeunesse. Les risques de mort diminuent beaucoup s'ils atteignent
l'âge d'homme. Cela s'explique aisément : un adulte sait prendre les
précautions qu'exige son état et les causes de traumatisme en sont de
beaucoup diminuées. Et quoique les hémophiliques soient incurables,
cela n'empêche pas certains d'entre eux de parvenir à un âge avancé.
Les enfants d'Alexis Nicolaïévitch auraient été exempts de cette terrible
maladie puisqu'elle ne se transmet que par les femmes.

Mes premiers rapports avec l'enfant — dans mes nouvelles fonctions — ne furent pas aisés. Je fus obligé de parler russe avec lui, et de renoncer au français. Ma position était délicate. N'ayant aucun droit, je n'avais aucune prise.

Comme je l'ai dit, je fus d'abord étonné et déçu de me sentir si peu soutenu par l'impératrice. Un mois entier passa sans que j'eusse reçu d'elle aucune direction. J'eus l'impression qu'elle ne voulait pas intervenir entre l'enfant et moi. Cela augmentait beaucoup la difficulté de mes débuts ; mais cela pouvait avoir l'avantage de me permettre, une fois la position conquise, de m'y établir d'une plus libre et personnelle autorité. J'eus à cette époque des moments de grand découragement. Il m'arriva même de désespérer, et de me sentir prêt à renoncer à la tâche entreprise.

Je trouvai, par bonheur, en la personne du Dr Dérévenko, un conseiller avisé, dont l'aide me fut précieuse. Il m'engagea à prendre patience. Il m'expliqua que, par suite de ces perpétuelles menaces de rechute chez l'enfant, et d'une sorte de fatalisme religieux qui s'était développé en elle, l'impératrice s'en remettait à la décision des circonstances, et renvoyait de jour en jour une intervention qui risquait de faire souffrir inutilement son fils, s'il ne devait pas vivre. Elle n'avait pas le courage d'entrer en lutte avec l'enfant pour m'imposer à lui.

Je comprenais du reste moi-même que les conditions étaient défavorables ; mais il me restait, malgré tout, quelque espoir de voir un jour la santé de mon élève s'améliorer.

Cette grave maladie, dont il relevait à peine, avait laissé Alexis Nicolaïévitch très affaibli et nerveux.

C'était à cette époque un enfant qui supportait malaisé-
ment toute contrainte ; il n'avait jamais été astreint
à une discipline régulière. J'étais à ses yeux celui qu'on
chargeait de lui imposer l'ennui du travail et de l'attention, et qui avait pour tâche de plier sa volonté à
l'habitude de l'obéissance. A la surveillance dont on
l'entourait déjà, mais qui lui permettait de chercher
un refuge dans l'inactivité, allait s'ajouter une exigence
qui forcerait cette dernière retraite. Sans qu'il en eût
conscience, il le sentait d'instinct. J'eus l'impression
très nette d'une animosité sourde ; cela alla parfois
jusqu'à une opposition décidée.

Je sentais peser sur moi une effrayante responsabilité,
car, malgré les précautions, il était impossible de prévenir tous les accidents. Il s'en produisit trois dans le
cours du premier mois.

Cependant, au fur et à mesure que le temps s'écoulait,
je voyais s'affermir mon autorité ; je pouvais noter
chez mon élève des élans de confiance toujours plus
fréquents, qui étaient pour moi comme la promesse de
rapports bientôt affectueux.

A mesure que l'enfant s'ouvrait à moi, je me rendais
mieux compte de la richesse de sa nature, et je me
persuadais de plus en plus qu'en présence de dons si
heureux il serait injuste de ne pas espérer.

Alexis Nicolaïévitch était alors un enfant de neuf ans
et demi, assez grand pour son âge ; il avait le visage
allongé et fin ; les traits délicats, de beaux cheveux
châtain-clair, aux reflets cuivrés, de grands yeux gris-
bleu, qui rappelaient ceux de sa mère. Il jouissait pleinement de la vie — quand il le pouvait — en vrai
garçon turbulent et joyeux. Très simple de goûts, il
e tirait aucune fausse gloire du fait qu'il était grand-

duc héritier, — c'était bien là ce à quoi il pensait le
moins, — et son plus grand bonheur était de jouer avec
les fils de son matelot Dérévenko, tous deux un peu
plus jeunes que lui.

Il avait une grande vivacité d'esprit, du raisonnement, beaucoup de pénétration ; il surprenait parfois
par des questions au-dessus de son âge, qui témoignaient
d'une âme délicate et intuitive. Je n'avais pas de peine
à comprendre que ceux qui n'étaient pas forcés, comme
moi, de lui imposer une discipline, mais pouvaient jouir
sans arrière-pensée de son charme, s'y abandonnassent
facilement. Sous le petit être capricieux du début, je
découvris un enfant au cœur naturellement aimant,
et sensible à la souffrance pour avoir déjà beaucoup
souffert lui-même. Dès que cette conviction fut bien
établie en moi, je pris courage en l'avenir. Ma tâche
eût été aisée s'il n'y avait pas eu l'entourage, les conditions du milieu.

J'entretenais, comme je l'ai dit plus haut, d'excel-
lents rapports avec le Dr Dérévenko. Il était cependant
un point sur lequel nous n'étions pas d'accord. J'esti-
mais que la présence perpétuelle du maître d'équipage
Dérévenko et de son adjoint Nagorny était nuisible à
l'enfant. Cette force extérieure qui intervenait à chaque
instant pour écarter tout danger empêchait, me semblait-il, les progrès de l'attention, le développement
normal de la volonté. Ce que l'on gagnait — peut-être
— en sécurité, l'enfant le perdait en réelle discipline.
Il aurait mieux valu, à mon avis, lui laisser plus d'indépendance, et l'habituer à trouver en lui-même l'énergie
de réagir, de son propre chef, contre ses impulsions.

D'ailleurs, les accidents continuaient à se prod¹

Il était impossible de tout prévoir ; et, plus la surveillance se resserrait, plus elle paraissait gênante et humiliante à l'enfant, plus elle risquait de développer son habileté à l'esquiver, et de le rendre sournois et dissimulé. C'était le meilleur moyen de faire, d'un enfant physiquement déjà si délicat, un être sans caractère, sans empire sur soi, et, même moralement, un infirme.

Je parlai donc dans ce sens au Dr Dérévenko. Mais il était à tel point obsédé par la crainte d'une crise fatale, et écrasé par la lourde responsabilité qu'il sentait, comme médecin, peser sur lui, que je ne pus l'amener à partager ma conviction.

C'était aux parents, et à eux seuls, de prendre en dernier ressort une décision qui pouvait avoir des conséquences aussi graves pour leur enfant. A mon grand étonnement ils abondèrent dans mon sens, et se déclarèrent prêts à accepter tous les dangers d'une expérience que je ne tentais pas moi-même sans m'engager dans de terribles inquiétudes. Ils avaient sans doute conscience du tort que le système actuel causait à ce qu'il y avait de plus précieux dans leur enfant ; et s'ils l'aimaient d'un amour sans bornes, cet amour même leur donnait la force de le laisser courir les risques d'un accident dont les suites pouvaient être mortelles, plutôt que de le voir devenir un homme sans virilité et sans indépendance morale.

Alexis Nicolaïévitch fut enchanté de cette décision. Il souffrait, vis-à-vis de ses compagnons de jeux, de la contrainte incessante à laquelle on le soumettait. Il me promit de répondre à la confiance qu'on lui témoignait.

Cependant, si convaincu que je fusse, une fois le consentement obtenu mon appréhension n'en fut que

LES GRANDES-DUCHESSES MARIE ET ANASTASIE DANS LES
COSTUMES QU'ON LEUR AVAIT CONFECTIONNÉS POUR JOUER UNE
SCÈNE DU "BOURGEOIS GENTILHOMME". SPALA, AUTOMNE 1912.

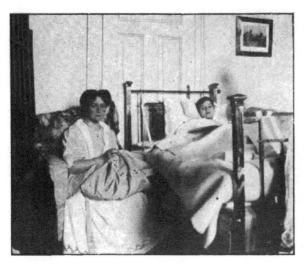

L'IMPÉRATRICE AU CHEVET D'ALEXIS NICOLAÏÉVITCH PENDANT
LA GRAVE CRISE D'HÉMOPHILIE QU'IL EUT A SPALA, AUTOMNE 1912.

LES QUATRE GRANDES-DUCHESSES CHERCHANT DES CHAMPIGNONS
DANS LA FORÊT DE BIÉLOVÉJE, AUTOMNE 1912

ALEXIS NICOLAÏÉVITCH MOISSONNANT LE BLÉ QU'IL AVAIT SEMÉ
DANS LE PARC. PÉTERHOF, ÉTÉ 1913.

plus vive. J'avais comme le pressentiment de ce qui allait arriver...

Au début, tout se passa bien, et je commençais à me tranquilliser quand, brusquement, l'accident redouté se produisit. Dans la salle d'étude l'enfant, qui était monté sur un banc, glissa et, en tombant, vint frapper du genou droit l'angle d'un meuble. Le lendemain, il ne pouvait déjà plus marcher. Le surlendemain, l'hémorragie sous-cutanée avait encore augmenté, et l'enflure qui s'était formée au-dessous du genou gagnait rapidement le bas de la jambe. La peau distendue à l'extrême s'était durcie sous la pression du sang extravasé qui comprimait les nerfs de la jambe et occasionnait ainsi une douleur lancinante qui augmentait d'heure en heure.

J'étais atterré. Cependant ni l'empereur ni l'impératrice ne me firent l'ombre d'un reproche. Tout au contraire, ils semblaient avoir à cœur de ne pas me laisser désespérer d'une tâche que la maladie rendait si périlleuse. Comme s'ils voulaient, par leur exemple, m'engager moi-même à accepter l'inévitable épreuve, et à me joindre à eux dans la lutte qu'ils menaient depuis si longtemps, ils m'associèrent à leur souci avec une touchante bienveillance.

L'impératrice se tenait auprès de son fils depuis le début de la crise, se penchant sur lui, le caressant, l'enveloppant de son amour, essayant par mille soins d'alléger ses souffrances. L'empereur venait aussi dès qu'il avait un moment de liberté. Il tâchait de réconforter l'enfant et de le distraire, mais la douleur était plus forte que les caresses de la mère ou les récits du père, et la plainte interrompue reprenait à nouveau. De temps en temps la porte s'ouvrait et l'une des grandes-

3

duchesses, s'approchant sur la pointe des pieds, venait embrasser son petit frère, lui apportant comme une bouffée de fraîcheur et de santé. L'enfant ouvrait un instant ses grands yeux déjà profondément cernés par la maladie et les refermait presque aussitôt.

Un matin, je trouvai la mère au chevet filial. La nuit avait été très mauvaise ; le docteur Dérévenko était inquiet, car l'hémorragie n'avait pas encore pu être arrêtée et la température montait. L'enflure avait fait de nouveaux progrès et les douleurs étaient encore plus intolérables que la veille. Le tsarévitch, étendu dans son lit, gémissait douloureusement ; sa tête était appuyée contre le bras de sa mère et sa mince figure exsangue était devenue méconnaissable. De temps en temps, il arrêtait son gémissement et murmurait ce seul mot : « Maman ! » dans lequel il exprimait toute sa souffrance et sa détresse. Et la mère baisait ses cheveux, son front, ses yeux, comme si cette caresse de ses lèvres eût pu soulager ses douleurs et lui rendre un peu de la vie qui l'abandonnait. Oh ! la torture de cette mère assistant impuissante au martyre de son enfant pendant ces longues heures de mortelle angoisse, de cette mère qui savait que c'était *à cause d'elle* qu'il souffrait, que c'était *elle* qui lui avait transmis la terrible maladie à laquelle la science humaine ne pouvait rien ! Comme je le comprenais maintenant le drame secret de cette vie, et combien il m'était facile de reconstituer les étapes de ce long calvaire !

CHAPITRE IV

L'IMPÉRATRICE ALEXANDRA FÉODOROVNA

Celle qui fut l'impératrice Alexandra Féodorovna, Alice de Hesse, quatrième enfant du grand-duc Louis de Hesse et d'Alice d'Angleterre, fille cadette de la reine Victoria, était née le 6 juin 1872 à Darmstadt. Elle perdit sa mère de bonne heure et fut élevée en grande partie à la cour d'Angleterre, où elle ne tarda pas à devenir la petite-fille préférée de la reine Victoria qui reporta sur la blonde Alix toute la tendresse qu'elle avait eue pour sa mère [1].

A l'âge de dix-sept ans, la jeune princesse fit un long séjour en Russie, auprès de sa sœur aînée, Élisabeth, qui avait épousé le grand-duc Serge Alexandrovitch, frère d'Alexandre III. Elle prit part à la vie de la cour, assista aux parades, aux réceptions, aux bals et, très jolie, fut beaucoup fêtée.

Tout le monde voyait déjà en elle la fiancée du grand-duc héritier ; mais, contre l'attente générale, Alice de Hesse rentra à Darmstadt sans qu'aucune ouverture eût été faite. En conçut-elle un certain dépit ? Le fait

1. La reine Victoria n'aimait pas les Allemands et avait pour l'empereur Guillaume II une aversion toute particulière qu'elle communiqua à sa petite-fille, qui toute sa vie se sentit plus attirée vers l'Angleterre, sa patrie maternelle, que vers l'Allemagne. Elle était restée cependant très attachée aux parents et amis qu'elle y avait laissés.

est que, cinq ans plus tard, quand arriva la demande officielle, elle marqua quelque hésitation [1]. Les fiançailles eurent lieu cependant à Darmstadt, dans le courant de l'été 1894 ; elles furent suivies d'un séjour à la cour d'Angleterre. Le grand-duc héritier rentra ensuite en Russie. Quelques mois plus tard, la jeune princesse était obligée de partir précipitamment pour Livadia où se mourait Alexandre III. Elle assista à son agonie, et accompagna à travers toute la Russie, avec la famille impériale, le cercueil qui ramenait à Saint-Pétersbourg la dépouille mortelle de l'empereur défunt.

Le transfert du corps, de la gare Nicolas à la cathédrale de Saint-Pierre et Saint-Paul, eut lieu par une triste journée de novembre. Une foule immense se pressait sur le parcours du cortège funèbre s'avançant dans la neige fondante et la boue qui recouvraient les rues ; et l'on pouvait entendre, au passage, des femmes du peuple qui, tout en se signant dévotement, murmuraient en faisant allusion à la jeune tsarine : « Elle est entrée chez nous derrière un cercueil ; elle apporte le malheur avec elle. »

Il semblait en effet que dès les premiers jours le malheur s'attachât, en Russie, aux pas de celle qu'on avait surnommée dans sa jeunesse « Sunshine » — rayon de soleil — à cause de sa gaîté et de sa radieuse beauté.

Le 26 novembre, c'est-à-dire moins d'un mois après la mort d'Alexandre III, le mariage était célébré au

---

1. Il semble aussi que la perspective de devoir changer de religion troublât fort la jeune princesse. Sa nature droite et franche répugnait à un acte que sa conscience n'eût pas approuvé. Le prêtre qui fut envoyé à Darmstadt pour initier Alice de Hesse à la foi orthodoxe sut lui en faire comprendre la beauté et la gagna à sa nouvelle religion.

milieu de la tristesse générale. Un an plus tard l'impératrice mettait au monde son premier enfant, une fille
à laquelle on donna le nom d'Olga.

C'est à Moscou, le 14 mai 1896, qu'eut lieu le couron-
nement des jeunes souverains. Déjà la fatalité semblait
s'acharner sur eux : on se rappelle que ces fêtes solen-
nelles furent l'occasion d'un effroyable accident qui
coûta la vie à de nombreuses victimes. Les paysans,
accourus de toutes parts, s'étaient massés pendant la
nuit sur le champ de Hodinskoïé où devait se faire
une distribution de cadeaux. Par suite d'une mauvaise
organisation, une panique se produisit, et plus de deux
mille personnes furent piétinées ou étouffées dans des
fondrières par la foule que la terreur avait gagnée.

Le matin, lorsque l'empereur et l'impératrice se
rendirent au champ de Hodinskoïé, ils ignoraient encore
complètement l'épouvantable catastrophe. Ils n'ap-
prirent la vérité que plus tard, à leur retour en ville ;
encore ne la connurent-ils jamais entièrement. Ne comprenait-on pas, qu'en agissant ainsi, on dérobait aux
jeunes souverains l'occasion de manifester, d'un geste
spontané, leur pitié et leur douleur, et qu'on rendait
leur attitude odieuse en leur donnant l'air de rester
indifférents au malheur public ?

Suivirent quelques années de bonheur familial pendant lesquelles la fatalité semblait avoir desserré son
étreinte.

Cependant la tâche de la jeune tsarine n'était pas
aisée. Elle avait à faire l'apprentissage de son métier
d'impératrice, et cela à la cour la plus fastueuse d'Europe, et la plus travaillée par les intrigues et les coteries.
Habituée à la vie simple de Darmstadt, et n'ayant subi,
du rigoureux cérémonial de la cour d'Angleterre que

ce qui pouvait toucher une princesse jeune et aimée qui n'y était qu'en séjour, elle devait se sentir désemparée en face de ses nouvelles obligations, et éblouie par une existence dont toutes les proportions avaient subitement changé. Le sentiment de sa responsabilité et l'ardent désir de se consacrer au bien de l'immense peuple, dont elle était devenue la souveraine, à la fois exaltaient sa ferveur et rendaient ses gestes hésitants.

Elle n'aspirait pourtant qu'à gagner le cœur de ses sujets. Mais elle ne sut pas le leur témoigner, et la timidité naturelle dont elle souffrait vint trahir ses intentions généreuses. Elle eut très rapidement le sentiment de son impuissance à se faire comprendre et apprécier ; sa nature spontanée ne tarda pas à être rebutée par la froideur conventionnelle de son entourage. Ses initiatives se heurtaient à l'inertie ambiante [1] ; et quand, en retour de sa confiance, elle sollicitait un dévouement intelligent, une réelle bonne volonté, on se dérobait derrière le facile empressement de la politesse impersonnelle des cours.

Malgré tous ses efforts elle ne parvint jamais à être banalement aimable, et à s'assimiler cet art qui consiste à effleurer tous les sujets avec une grâce superficielle. C'est que l'impératrice était avant tout « une sincère », et que chacune de ses paroles n'était que l'expression de son sentiment intime. Se voyant incomprise elle ne tarda pas à se replier sur elle-même. Sa fierté naturelle fut blessée. Elle renonça de plus en plus aux fêtes et aux réceptions qui étaient pour elle une contrainte intolérable. Elle adopta une attitude de réserve dis-

---

1. Elle avait l'ardent désir d'améliorer le sort des femmes du peuple en créant des hôpitaux et des maisons d'accouchement ; elle voulait installer des écoles professionnelles, etc.

tante qu'on prit pour de la hauteur et du dédain. Mais
ceux qui l'approchaient dans les moments de souffrance
comprirent tout ce qui se cachait de sensibilité et de
besoin de dévouement derrière cette apparente froideur. Elle avait accepté avec pleine conviction sa nouvelle religion, et elle y puisait un grand réconfort aux
heures de trouble et d'angoisse. Mais c'est surtout
dans l'affection des siens qu'elle trouvait un aliment
à sa tendresse, et c'est au milieu d'eux seulement
qu'elle se sentait heureuse.

La naissance d'Olga Nicolaïévna avait été suivie de
celle de trois autres filles pleines de santé et de vie qui
faisaient la joie de leurs parents. Cette joie cependant
n'était pas sans mélange, car le vœu secret de leur cœur
n'avait pas encore été réalisé ; il ne pouvait l'être que
par la venue d'un fils, d'un héritier. La naissance
d'Anastasie Nicolaïévna, la dernière des grandes-
duchesses, avait été au premier moment une grosse
déception,... et les années passaient. Enfin le 12 août
1904, en pleine guerre russo-japonaise, l'impératrice
mit au monde ce fils si ardemment désiré. Ce fut une
joie sans bornes. Il semblait que toutes les tristesses
passées étaient oubliées et qu'une ère de bonheur allait
s'ouvrir pour eux. Hélas ! ce ne fut qu'un court répit
suivi des pires malheurs : c'était d'abord le massacre
de janvier sur la place du Palais d'Hiver, — dont le
souvenir devait les hanter, leur vie durant, comme un
horrible cauchemar, — puis la lamentable liquidation
de la guerre russo-japonaise. Leur seule consolation
en ces jours sombres était leur enfant bien-aimé, mais
l'on n'avait pas tardé, hélas ! à s'apercevoir que le
tsarévitch était hémophilique. Depuis ce moment, la

vie de la mère n'avait plus été qu'une déchirante angoisse. C'est qu'elle la connaissait, cette maladie terrible : elle savait qu'un oncle, un frère à elle et deux de ses neveux en étaient morts. Depuis son enfance, elle en avait entendu parler comme d'une chose effrayante et mystérieuse contre laquelle les hommes ne peuvent rien. Et voilà que son fils unique, cet enfant qu'elle chérissait plus que tout au monde, en était atteint et que la mort allait le guetter, le suivre pas à pas, pour l'emporter un jour comme tant d'enfants de sa famille. Oh ! il fallait lutter, il fallait le sauver à tout prix. Il était impossible que la science fût impuissante ; le remède qui pouvait le sauver existait peut-être et on le trouverait. Médecins, chirurgiens, professeurs furent consultés : c'est en vain qu'ils essayèrent tous les traitements.

Quand la mère eut compris qu'elle n'avait aucun secours à attendre des hommes, elle n'eut plus d'espoir qu'en Dieu. Lui seul pouvait accomplir le miracle. Mais cette intervention, il fallait la mériter. Très pieuse déjà, elle se jeta tout entière, avec la passion et la fougue qu'elle apportait à toute chose, dans la religion orthodoxe. La vie au palais prit un caractère sévère, presque austère. On évita les fêtes et l'on réduisit le plus possible les manifestations extérieures auxquelles sont astreints les souverains. La famille s'isolait peu à peu de son entourage et se repliait sur elle-même.

Cependant, entre chacune de ses crises, l'enfant renaissait à la vie, recouvrait la santé, oubliait ses souffrances et reprenait sa gaieté et ses jeux. Jamais on n'aurait pu croire alors qu'il fût atteint d'un mal implacable qui pouvait l'emporter d'un instant à l'autre. Et, chaque fois que l'impératrice le revoyait avec ses joues roses, chaque fois qu'elle entendait son rire joyeux, qu'elle assistait à ses gambades, un immense espoir emplissait son cœur et elle se disait : « Dieu m'a entendue, il a eu enfin pitié de ma douleur. » Mais brusquement la maladie s'abattait à nouveau sur l'enfant, le jetait sur son lit de souffrance, l'amenait jusqu'aux portes de la mort.

Les mois passaient, le miracle attendu ne se produisait pas et les crises se succédaient, cruelles, impitoyables. Les prières les plus ferventes n'avaient pas obtenu la manifestation divine si passionnément implorée. Le dernier espoir était déçu. Un découragement infini emplit l'âme de l'impératrice, il lui sembla que l'univers entier se retirait d'elle [1].

C'est alors qu'un simple paysan de Sibérie, Raspoutine, lui fut amené. Cet homme lui dit : « Crois en l'efficacité de mes prières ; crois en la puissance de mon intervention, et ton fils vivra ! » La mère se cramponna à l'espérance qu'il lui donnait, comme celui qui se noie s'accroche à la main qu'on lui tend ; elle crut en lui de toute la force de son âme. Depuis longtemps, d'ailleurs, elle était persuadée que le salut de la Russie et de la dynastie viendrait du peuple, et elle s'imagina que cet humble *moujik* était envoyé par Dieu pour sauver celui qui était l'espoir de la nation. La puissance de la foi fit le reste et, par un simple phénomène d'autosuggestion que favorisèrent certaines coïncidences fortuites, elle se persuada que le sort de son enfant dépendait de cet homme.

Raspoutine s'était rendu compte de l'état d'âme de

1 La crainte perpétuelle d'un attentat contre l'empereur ou le grand-duc héritier contribua aussi à user la résistance nerveuse de l'impératrice.

cette mère désespérée, brisée par la lutte, et qui semblait parvenue à la limite de la souffrance ; il comprit tout le parti qu'il en pouvait tirer et, par une habileté diabolique, il arriva à lier en quelque sorte sa vie à celle de l'enfant.

On ne saurait, d'ailleurs, concevoir cette emprise morale de Raspoutine sur l'impératrice si l'on ignore le rôle que jouent dans la vie religieuse du monde orthodoxe ces hommes qui ne sont ni prêtres, ni moines, — bien qu'on ait pris l'habitude de parler improprement du « moine » Raspoutine, — et qu'on désigne sous le nom de *stranniki* ou de *startsi*.

Le *strannik* est un pèlerin qui se rend de monastère en monastère, d'église en église, recherchant la vérité et vivant des dons des fidèles. Il s'en va ainsi à travers l'immensité de la terre russe au hasard de ses inspirations, ou attiré par la réputation de sainteté des lieux ou des gens.

Le *staretz* est un ascète, vivant en général dans un monastère, mais parfois aussi dans la solitude, sorte de conducteur d'âmes auquel on a recours dans les moments de trouble et de souffrance. Il arrive souvent que le *staretz* est un ancien *strannik* qui a mis un terme à sa vie errante et se fixe quelque part pour terminer ses jours dans la méditation et la prière.

Voici la définition qu'en donne Dostoïevsky dans les *Frères Karamazof* :

Le *staretz* est celui qui s'empare de votre âme et de votre volonté, et les fait siennes. En faisant choix d'un *staretz* vous renoncez à votre volonté, vous la lui donnez en complète obéissance, en plein renoncement. Celui qui prend sur lui cette épreuve, celui qui accepte cette terrible école de la vie, le fait librement, avec l'espoir qu'après cette longue

expérience il pourra se vaincre lui-même et devenir son
maître au point de pouvoir atteindre, par cette obéissance
de toute sa vie, la complète liberté, c'est-à-dire s'affranchir
de soi et éviter le sort de ceux qui ont vécu toute une vie
sans parvenir à se trouver en eux-mêmes.

Dieu donne au *staretz* les indications qui sont nécessaires pour votre bien et lui fait connaître les voies par
lesquelles il doit vous conduire au salut.

Le *staretz* est sur la terre le gardien de l'idéal et de
la vérité. Il est le dépositaire de la tradition sacrée qui
doit se transmettre ainsi de *staretz* en *staretz* jusqu'au
jour de l'avènement du règne de la justice et de la
lumière.

Plusieurs de ces *startsi* se sont élevés à une très
remarquable hauteur morale et figurent au nombre
des saints de l'Église orthodoxe.

L'influence de ces hommes, qui vivent en quelque
sorte en marge du clergé, est considérable, de nos jours
encore, en Russie. En province et à la campagne elle
est bien plus grande que celle des prêtres et des
moines.

La conversion de l'impératrice avait été un acte de
foi sincère. La religion orthodoxe répondait pleinement
à ses aspirations mystiques et son imagination devait
être charmée par ses coutumes archaïques et naïves.
Elle l'avait acceptée avec toute l'ardeur des néophytes.
Raspoutine fut investi à ses yeux du prestige et de la
sainteté d'un *staretz*.

Telle était la nature des sentiments que l'impératrice
conçut à l'égard de Raspoutine, et qui furent si igno-
blement travestis par la calomnie. Ils avaient leur
source dans l'émotion la plus noble qui puisse remplir
le cœur d'une femme, l'amour maternel.

La fatalité voulut que celui qu'on parait de l'auréole d'un saint fût en réalité un être indigne et pervers et que, nous le verrons par la suite, l'influence néfaste de cet homme fût une des causes principales de la mort de ceux qui avaient cru trouver en lui leur salut.

CHAPITRE V

RASPOUTINE

Si j'ai cru devoir m'attarder, dans le chapitre précédent, à parler d'événements qui eurent lieu en partie avant mon entrée en fonctions à la grande cour, c'est que seuls ils peuvent faire comprendre les raisons profondes qui ont rendu possible l'intervention de Raspoutine et lui ont permis de prendre sur l'impératrice un pouvoir si grand.

J'aurais voulu n'exposer ici que les faits auxquels j'ai été directement mêlé et n'apporter que mon témoignage personnel. La clarté de mon récit exige qu'il en soit autrement. Je devrai, dans les pages qui vont suivre, me départir une fois encore de la règle que je désirais m'imposer. Il est en effet indispensable, pour l'intelligence du lecteur, que je donne ici quelques détails sur la vie et les débuts de Raspoutine et que je cherche à démêler, parmi les nombreuses légendes qui se sont accréditées à son sujet, ce qui me semble acquis à l'histoire.

A quelque cent cinquante verstes au sud de Tobolsk, perdu dans les marais qui longent la Tobol, se trouve le petit village de Pokrovskoïé. C'est là que naquit Grigory Raspoutine. Son père s'appelait Efim ; comme beaucoup de paysans russes à cette époque, il n'avait pas de nom de famille. Les habitants du village dont il n'était pas originaire lui avaient donné, à son arrivée, le nom de Novy (le Nouveau).

Son fils Grigory mena dans sa jeunesse l'existence de tous les petits paysans de cette région de la Sibérie, que la nature ingrate du sol oblige souvent à vivre d'expédients : comme eux il fut maraudeur, voleur... Il se distingua cependant bientôt par l'audace qu'il apportait dans ses exploits, et son inconduite ne tarda pas à lui valoir une réputation d'effréné libertin. On ne le désigna plus que par le sobriquet de Raspoutine, déformation du mot Raspoutnik (le débauché) qui devait lui rester en quelque sorte comme nom de famille.

Les habitants des villages de Sibérie ont l'habitude de louer des chevaux aux voyageurs qui traversent le pays et de leur servir de guide et de cocher. Il arriva ainsi un jour à Raspoutine de conduire au couvent de Verkhoturié un prêtre qui lia conversation avec lui, fut frappé de la vivacité de ses dons naturels, l'amena par ses questions à lui faire confidence de sa vie désordonnée, et l'engagea à consacrer à Dieu une ardeur si mal employée. Cette exhortation produisit une impression si grande sur Grigory qu'il parut vouloir abandonner sa vie de débauche et de rapines. Il fit un long séjour au monastère de Verkhoturié et se mit à fréquenter les lieux saints des environs.

Lorsqu'il rentra dans son village il semblait être transformé, et les habitants eurent peine à reconnaître, en cet homme au maintien grave et à la mise austère, l'ancien mauvais sujet qu'avaient rendu célèbre tant de fâcheuses aventures. On le voyait aller de village en village, répandant la bonne parole et faisant à qui voulait l'entendre de longues citations des livres saints, qu'il tirait de sa mémoire prodigieuse.

La crédulité publique, qu'il exploitait déjà d'une manière fort habile, ne tarda pas à voir en lui un prophète, un être doué de facultés surnaturelles, et possédant le don de faire des miracles. Il faut, pour comprendre cet engouement si rapide, tenir compte d'abord de l'étrange pouvoir de fascination et de suggestion que possédait Raspoutine, et ensuite de la facilité avec laquelle l'imagination populaire russe subit l'attrait du merveilleux.

Cependant la vertu du nouveau saint ne semble pas avoir résisté longtemps aux pressants assauts que la tentation livrait à sa chair, et il retomba dans son dévergondage. Il est vrai qu'il menait grande contrition de ses fautes, mais cela ne l'empêchait pas de recommencer. On trouvait donc déjà en lui, à cette époque, ce mélange de mysticisme et d'érotisme qui devait en faire un personnage si dangereux.

Malgré tout, sa réputation s'étendait de plus en plus. On s'adressait à lui, on le faisait venir de loin, non seulement en Sibérie, mais même en Russie.

Ses pérégrinations l'amenèrent enfin jusqu'à Saint-Pétersbourg. Il y fit, en 1905, la connaissance de l'archimandrite Théophane, recteur de l'Académie de théologie, qui crut discerner en lui les indices d'une foi sincère et d'une très grande humilité, ainsi que toutes les marques de l'inspiration divine. Raspoutine fut introduit par lui dans les cercles pieux de la capitale où sa réputation de prophète l'avait déjà précédé. Il n'eut pas de peine à profiter de la crédulité de ces dévots que leur raffinement même rendait superstitieux et sensibles à l'attrait de cette piété rustique ; on ne vit,

dans la grossièreté originelle du personnage, que l'inté-
ressante candeur d'un homme du peuple ; on était
rempli d'une profonde admiration pour la « naïveté »
de cette âme simple...

Raspoutine ne tarda pas à prendre un ascendant
très grand sur ses nouveaux adeptes ; il devint le familier de certains salons de la haute aristocratie pétersbourgeoise, et fut même reçu par des membres de la
famille impériale qui chantèrent ses louanges à l'impératrice. Il n'en fallait pas davantage pour que le dernier
pas fût franchi : Raspoutine fut amené à la cour par
les intimes de Sa Majesté et sur la recommandation
personnelle de l'archimandrite Théophane. C'est là un
fait qu'il ne faut pas oublier ; c'est ce qui devait le
mettre pour plusieurs années à l'abri des attaques de
ses adversaires.

Nous avons vu comment Raspoutine, profitant du
désespoir qui remplissait l'âme de l'impératrice, avait
su lier sa vie à celle du tsarévitch et prendre sur sa
mère une autorité de plus en plus grande. C'est que
chacune de ses interventions, qui semblait provoquer
une amélioration dans la maladie de l'enfant, venait
renforcer son prestige et augmenter la foi qu'on avait
dans sa puissance d'intercession.

Cependant, au bout d'un certain temps, Raspoutine
fut grisé par cette élévation inattendue ; il crut sa
position assez solidement établie, perdit la prudence
qu'il avait observée au début de son séjour à Saint-
Pétersbourg, — et retomba dans ses excès. Mais il le
fit avec une habileté qui donna longtemps le change
sur sa vie intime. Ce n'est que peu à peu que le bruit
de ses turpitudes se répandit et trouva crédit. Quelques

voix timides s'élevèrent tout d'abord contre le *staretz* ;
elles ne tardèrent pas à se faire de plus en plus nombreuses et assurées. Mademoiselle Tioutcheva, la gouvernante des grandes-duchesses, fut la première, à la
cour, à tenter de démasquer l'imposteur. Ses efforts
vinrent se briser contre la foi aveugle de sa souveraine.
Parmi les faits qu'elle allégua contre Raspoutine, il
s'en trouva plusieurs que, dans son indignation, elle
n'avait pas suffisamment contrôlés et dont la fausseté
éclata aux yeux de l'impératrice. Voyant son impuissance, et pour dégager sa responsabilité, elle demanda
qu'au moins Raspoutine ne montât plus à l'étage habité
par les enfants. L'empereur intervint alors dans le
débat et Sa Majesté céda, non pas que sa conviction
fût ébranlée, mais par désir de paix et par condescen-
dance pour une personne que, d'après elle, son zèle
étroit et son dévouement mêmes aveuglaient. Quoique
je ne fusse alors que simple professeur des grandes-
duchesses, — ceci se passait dans le courant de l'hiver
1910 à 1911, — je fus mis au courant par Mademoiselle Tioutcheva elle-même des péripéties de cette lutte [1].
Mais j'avoue qu'à cette époque j'étais encore loin
d'admettre tous les bruits extraordinaires qui circulaient sur Raspoutine.

Au mois de mars 1911, l'opposition devenant de plus
en plus menaçante, le *staretz* jugea prudent de laisser
passer la tourmente et de disparaître pour quelque
temps. Il partit en pèlerinage pour Jérusalem.

A son retour à Saint-Pétersbourg, — dans l'automne
de la même année, — l'émotion ne s'était pas calmée

---

1. Les rapports entre l'impératrice et Mlle Tioutcheva ne redevinrent
jamais ce qu'ils avaient été, et elle abandonna ses fonctions au printemps
de 1912.

et Raspoutine eut à soutenir les attaques d'un de ses anciens protecteurs, l'évêque Hermogène, qui, par des menaces terribles, lui arracha la promesse de ne plus reparaître à la cour où sa présence compromettait les souverains. A peine dégagé de l'étreinte de celui qui était allé jusqu'à le frapper, Raspoutine courut se plaindre à sa grande protectrice, Madame Wyroubova, compagne presque inséparable de l'impératrice. L'évêque fut exilé dans un monastère.

Tout aussi vains furent les efforts de l'archimandrite Théophane qui ne pouvait se consoler de s'être porté en quelque sorte garant de la haute vertu du *staretz* et d'avoir égaré les souverains par sa recommandation personnelle. Il mit tout en œuvre pour le démasquer et ne réussit qu'à se faire reléguer dans le gouvernement de Tauride.

C'est que Raspoutine était parvenu à faire passer les deux évêques pour des intrigants qui avaient voulu se servir de lui comme d'un instrument et qui, jaloux d'une faveur qu'ils ne pouvaient plus exploiter au profit de leurs ambitions personnelles, cherchaient à provoquer sa chute.

« L'humble paysan de Sibérie » était devenu un adversaire redoutable chez lequel le manque de scrupules le plus absolu s'alliait à une habileté consommée. Admirablement renseigné, ayant des créatures à lui aussi bien à la cour que dans l'entourage des ministres, il avait soin, dès qu'il voyait poindre un nouvel ennemi, de prendre les devants en le desservant adroitement. Puis, sous forme de prédictions, il annonçait les attaques dont il allait être l'objet, se gardant toutefois de désigner d'une façon trop précise ses adversaires. Aussi, lorsque le coup était porté, la main qui le dirigeait ne

tenait-elle plus qu'une arme émoussée. Il lui arrivait
souvent d'intercéder en faveur de ceux qui l'avaient
calomnié, déclarant avec une feinte humilité que ces
épreuves étaient nécessaires à son salut. Ce qui devait
contribuer également à entretenir la confiance aveugle
qu'on lui garda jusqu'à la fin, c'est le fait que l'empereur et l'impératrice étaient habitués à voir ceux auxquels ils montraient une attention particulière devenir
le point de mire des intrigues et des cabales. Ils savaient
que cela seul suffisait pour les désigner aux coups et
aux attaques des envieux. Ils étaient donc persuadés
que la faveur toute spéciale qu'ils témoignaient à un
obscur *moujik* devait déchaîner contre lui toutes les
haines, toutes les jalousies, et faire de lui la victime des
pires calomnies.

Cependant le scandale sortait peu à peu du monde
religieux, on en parlait à mots couverts dans les milieux
politiques et diplomatiques, on y faisait allusion dans
les discours de la Douma.

Au printemps 1912, le comte Kokovtzof, alors président du Conseil des ministres, se décida à intervenir
auprès de l'empereur. La démarche était d'autant plus
délicate que jusqu'à ce moment l'influence de Raspoutine ne s'était exercée que dans l'Église et le cercle
de la famille impériale ; c'étaient là deux domaines dans
lesquels le tsar n'admettait pas volontiers l'ingérence
de ses ministres.

L'empereur ne fut pas convaincu par cette démarche,
mais il comprit qu'une concession à l'opinion publique
était nécessaire : peu de temps après le départ de Leurs
Majestés pour la Crimée, Raspoutine quittait Saint-
Pétersbourg et prenait le chemin de la Sibérie.

Toutefois son pouvoir n'était pas de ceux que la

distance diminue. Bien au contraire elle ne pouvait que rehausser le prestige du *staretz* en l'idéalisant.

Comme lors de ses absences précédentes, un échange assez fréquent de télégrammes eut lieu, par l'intermédiaire de Madame Wyroubova, entre Pokrovskoïé et les diverses résidences que la famille impériale occupa successivement dans le courant de l'année 1912.

Absent, Raspoutine était plus puissant que présent. C'est que son emprise psychique se fondait sur un acte de foi et que la puissance d'illusion de ceux qui veulent croire n'a pas de limite, — l'histoire de l'humanité est là pour le prouver.

Mais que de souffrances, que d'effroyables malheurs allaient résulter de cette aberration funeste !

CHAPITRE VI

LA VIE A TSARSKOIÉ-SÉLO. — MES ÉLÈVES

(Hiver 1913 à 1914)

C'est à Raspoutine que l'on imputa une fois de plus l'amélioration qui se manifesta au bout de quelques jours dans l'état de santé d'Alexis Nicolaïévitch, lors de la terrible crise d'hémophilie que j'ai décrite plus haut.

Elle s'était produite, on s'en souvient, peu de temps après le changement de régime que j'avais cru devoir adopter pour le tsarévitch, et je m'en sentais en partie responsable. Ma perplexité était très grande. Quand j'avais pris ma décision, j'en avais bien envisagé les redoutables dangers, et je m'étais cru la force de les affronter ; mais l'épreuve de la réalité était si terrible que je me demandais s'il fallait persévérer... Et cependant j'avais le sentiment précis que c'était là une impérieuse nécessité.

Au bout de deux mois de convalescence, — le rétablissement était toujours fort lent, — l'empereur et l'impératrice se montrèrent résolus à persister, malgré les risques, dans la voie qu'ils avaient adoptée.

Les docteurs Botkine [1] et Dérévenko, quoique d'un avis opposé, s'inclinèrent devant la volonté des parents

---

1. Le Dr Botkine, fils du célèbre professeur Serge Botkine, était méde-. cin de la cour.

et acceptèrent courageusement cette décision qui augmentait encore les difficultés d'une tâche déjà si ardue et si ingrate. J'admirais profondément leur énergie et leur abnégation. Ils étaient toujours sur le qui-vive, dans l'attente perpétuelle de la crise possible ; et lorsque l'accident s'était produit, c'était la lutte d'autant plus redoutable pour eux qu'ils connaissaient l'insuffisance des palliatifs dont ils disposaient. Enfin, quand, après des nuits de veille, ils avaient la joie de voir leur petit malade hors de danger, ce n'était pas à leurs soins, mais à l'intervention miraculeuse de Raspoutine qu'on attribuait la guérison ! Mais, faisant abstraction de tout amour-propre, ils étaient soutenus par le sentiment de profonde pitié que leur inspiraient les angoisses des parents et les tortures de cet enfant qui, à l'âge de dix ans, avait déjà enduré plus de souffrances que bien des hommes touchant au terme de leur vie.

Notre séjour en Crimée s'était prolongé plus que de coutume à cause de la maladie d'Alexis Nicolaïévitch et nous ne rentrâmes à Tsarskoïé-Sélo qu'en décembre. Nous y passâmes tout l'hiver de 1913 à 1914. La vie y avait un caractère beaucoup plus intime que dans les autres résidences. La suite, à part la demoiselle d'honneur de service et le commandant du régiment « combiné »[1], n'habitait pas au palais ; et la famille, à moins de visites de parents, prenait en général ses repas seule et sans le moindre apparat.

Les leçons[2] commençaient à neuf heures et étaient

---

1. Régiment chargé de la garde personnelle de l'empereur et formé d'éléments de tous les régiments de la garde.
2. Les branches d'enseignement de mon élève étaient à cette époque le russe, le français, l'arithmétique, l'histoire, la géographie et la religion. Il ne commença l'anglais que plus tard et n'eut jamais de leçons d'allemand.

interrompues de onze heures à midi. Nous sortions alors
en voiture, en traîneau ou en automobile, puis le travail
reprenait jusqu'au déjeuner qui avait lieu à une heure.
L'après-midi nous passions toujours deux heures en
plein air. Les grandes-duchesses, et l'empereur quand
il était libre, venaient nous rejoindre et Alexis Nicolaïévitch s'amusait avec ses sœurs à faire des glissades
du haut d'une montagne de glace qu'on avait élevée
au bord d'un petit lac artificiel. Il aimait aussi à jouer
avec son âne, *Vanka* (Jeannot), qu'on attelait à un
petit traîneau, et son chien *Joy*, joli petit épagneul
marron foncé, court sur pattes, dont les longues oreilles
soyeuses touchaient presque le sol. Vanka était un
animal d'une intelligence et d'une bouffonnerie sans
égales. Lorsqu'il avait été question de donner un âne
à Alexis Nicolaïévitch, on s'était vainement adressé
à tous les maquignons de Saint-Pétersbourg ; le cirque
Cinizelli avait alors consenti à se défaire d'un vieux
baudet que son grand âge rendait impropre à de nouvelles exhibitions. C'est ainsi que Vanka avait fait
son entrée à la cour et il avait l'air d'apprécier fort la
crèche impériale. Il nous amusait beaucoup, car il
avait dans son sac tous les tours imaginables. C'est
ainsi que, d'une manière très experte, il vous vidait les
poches dans l'espoir d'y découvrir quelque friandise ;
il marquait une prédilection toute spéciale pour les
vieilles balles de caoutchouc qu'il mâchonnait négli-
gemment en fermant un œil, comme un vieux Yankee.

Ces deux bêtes jouaient un grand rôle dans la vie
d'Alexis Nicolaïévitch, car il avait fort peu de distractions. Il souffrait surtout du manque de camarades.
Les deux fils de son matelot Dérévenko, ses compagnons
de jeux habituels, étaient beaucoup plus jeunes que

lui et n'avaient ni l'instruction, ni le développement
désirables. Il est vrai que ses cousins venaient passer
quelquefois les dimanches et les fêtes avec lui, mais
ces visites étaient rares. J'insistai à maintes reprises
auprès de l'impératrice pour qu'on remédiât à cet état
de choses. On fit, à la suite de mes démarches, quelques
tentatives, mais elles ne donnèrent pas de résultat. Il
est vrai que la maladie dont souffrait Alexis Nicolaïévitch rendait le choix de ses camarades extrêmement
difficile. Heureusement que ses sœurs, comme je l'ai
dit plus haut, aimaient à jouer avec lui ; elles appor-
taient dans sa vie un élément de gaîté et de jeunesse
qui, sans elles, lui aurait fait cruellement défaut.

Pendant nos promenades de l'après-midi, l'empereur
qui aimait beaucoup la marche faisait en général le
tour du parc en compagnie d'une de ses filles, mais il
lui arrivait aussi de se joindre à nous et c'est avec son
concours que nous construisîmes une immense tour de
neige qui prit bientôt l'aspect d'une forteresse imposante,
et nous occupa pendant plusieurs semaines.

A quatre heures nous rentrions et les leçons reprenaient jusqu'au dîner qui avait lieu à sept heures pour
Alexis Nicolaïévitch et à huit heures pour le reste de
la famille. Nous terminions notre journée par la lecture
d'un de ses livres favoris.

Alexis Nicolaïévitch était le centre de cette famille
si étroitement unie, c'était sur lui que se concentraient
toutes les affections, tous les espoirs. Ses sœurs l'adoraient et il était toute la joie de ses parents. Quand il
se portait bien, le palais en était en quelque sorte
métamorphosé ; c'était comme un rayon de soleil qui
éclairait choses et gens. Doué des plus heureuses dispo-

sitions naturelles, il se serait développé d'une façon
tout à fait harmonieuse s'il n'avait été retardé par son
infirmité. Chacune de ses crises exigeait des semaines,
parfois des mois de ménagements, et, quand l'hémorragie avait été abondante, il en résultait une anémie
générale qui lui interdisait, pour une période souvent
fort longue, tout travail intensif. On ne pouvait donc
mettre à profit que les répits que lui laissait la maladie,
ce qui, malgré sa vive intelligence, rendait son instruction fort malaisée.

Les grandes-duchesses étaient charmantes de fraîcheur et de santé. Il eût été difficile de trouver quatre
sœurs de caractère plus dissemblable, mais plus harmonieusement unies par une amitié qui n'empêchait
pas l'indépendance personnelle et qui, malgré la diver-
sité de leurs tempéraments, les liait entre elles de la
façon la plus vivante. Des initiales de chacun de leurs
prénoms elles avaient formé comme un prénom col-
lectif : OTMA, et c'est sous cette signature commune
qu'elles offraient parfois leurs cadeaux et qu'il leur
arrivait souvent d'envoyer les lettres écrites par l'une
d'elles au nom de toutes.

On comprendra que je me laisse aller au plaisir de
narrer ici quelques souvenirs personnels. Cela me permettra de faire revivre dans tout l'entrain, le naturel
et la gaîté de leur jeunesse, presque de leur enfance, ces
jeunes filles qui, au moment où d'autres s'épanouissent
à l'existence, furent victimes du sort le plus effroyable.

L'aînée, Olga Nicolaïévna, faisait preuve d'une intelligence très vive ; elle avait beaucoup de raisonnement
en même temps que de spontanéité, une grande indépendance d'allure et des réparties promptes et amu-
santes. Elle me donna tout d'abord un peu de peine ;

mais à nos escarmouches du début succédèrent des
rapports empreints de la plus franche cordialité.

Elle saisissait tout avec une extrême rapidité et
savait donner un tour original à ce qu'elle avait compris. Je me rappelle, entre autres, que, dans une de
nos premières leçons de grammaire où je lui expliquais
le mécanisme des verbes et l'emploi des auxiliaires,
elle m'interrompit tout à coup en s'écriant : « Oh,
Monsieur, j'ai bien compris, les auxiliaires, ce sont les
domestiques des verbes ; il n'y a que ce pauvre verbe
avoir qui doit se servir lui-même... »

Elle lisait beaucoup en dehors des leçons. Lorsqu'elle
fut plus âgée, chaque fois que je lui remettais un ouvrage, j'avais la précaution — alléguant la difficulté
du texte ou le peu d'intérêt qu'il présentait — d'indiquer en marge par des annotations les passages ou les
chapitres qu'elle devait laisser de côté et dont je lui
donnais un court résumé.

Une omission de ma part me valut un des moments
les plus désagréables de ma carrière pédagogique ; mais
grâce à la présence d'esprit de l'empereur, tout se termina mieux que je n'aurais pu le craindre.

Olga Nicolaïévna lisait *les Misérables* et était arrivée
à la description de la bataille de Waterloo. Au début
de la leçon elle me remit, selon sa coutume, la liste des
mots qu'elle n'avait pas compris. Quel ne fut pas mon
effroi d'y voir en toutes lettres le mot qui fit la gloire
du héros qui commandait la garde. J'étais sûr pourtant
d'avoir pris toutes mes précautions... Je demande le
livre pour vérifier mes annotations et je constate mon
incroyable oubli. Pour éviter une explication délicate,
je biffe le mot malencontreux et je rends la feuille à
Olga Nicolaïevna qui s'écrie :

— Tiens ! vous avez biffé le mot que je suis allée demander hier à papa !

La foudre tombant à mes pieds ne m'eût pas donné de commotion plus violente...

— Comment, vous avez...

— Mais oui, et il m'a répondu, après m'avoir demandé comment je le savais, que c'était un terme très énergique qu'il ne fallait pas répéter, mais que dans la bouche de ce général c'était le plus beau mot de la langue française.

Quelques heures plus tard, à la promenade, je rencontrai l'empereur dans le parc ; il me prit à l'écart et, du ton le plus sérieux, me dit :

— Monsieur, vous apprenez à mes filles un étrange vocabulaire...

Je m'embarrassais dans des explications confuses. Mais l'empereur, éclatant de rire, reprit :

— Allons, Monsieur ; ne vous tourmentez pas, j'ai très bien compris ce qui s'était passé, et j'ai répondu à ma fille que c'est là un des titres de gloire de l'armée française.

Tatiana Nicolaïevna, nature plutôt réservée, très bien équilibrée, avait de la volonté, mais moins d'ouverture et de spontanéité que sa sœur aînée. Elle n'était pas aussi bien douée, mais elle rachetait cette infériorité par plus d'esprit de suite et d'égalité de caractère. Elle était fort jolie, sans avoir toutefois le charme d'Olga Nicolaïevna.

Si tant est que l'impératrice fît une différence entre ses filles, Tatiana Nicolaïevna était sa préférée. Ce n'est pas que ses sœurs aimassent moins leur mère, mais Tatiana Nicolaïevna savait l'entourer de soins plus assidus et ne se laissait jamais aller à un mouvement d'humeur. Par sa beauté, et le don qu'elle avait de s'imposer, elle éclipsait en public sa sœur aînée qui, moins attentive à sa personne, paraissait effacée. Cependant ces deux sœurs s'aimaient tendrement ; il n'y avait qu'un an et demi de différence entre elles, ce qui les rapprochait naturellement. On les appelait : « les grandes » ; tandis qu'on avait continué d'appeler Marie Nicolaïevna et Anastasie Nicolaïevna : « les petites ».

C'était une belle fille que Marie Nicolaïevna, grande pour son âge, éclatante de couleurs et de santé ; elle avait de grands et magnifiques yeux gris. De goûts très simples, pleine de cœur, elle était la complaisance même ; ses sœurs en abusaient peut-être un peu et l'appelaient : « le bon gros toutou » ; elle en avait tout le dévouement bénévole et un peu pataud.

Anastasie Nicolaïevna, au contraire, était très espiègle et assez fine mouche. Elle saisissait prestement le ridicule, et on résistait mal à ses saillies. Elle était un peu enfant terrible, défaut qui se corrigea avec l'âge. Fort paresseuse, mais d'une paresse d'enfant très douée, elle avait, en français, une excellente prononciation et jouait de petites scènes de comédie avec un véritable talent. Elle était si gaie et déridait si bien les fronts les plus moroses que plusieurs personnes de l'entourage avaient pris l'habitude de l'appeler «Sunshine», en souvenir du surnom qu'on avait autrefois donné à sa mère à la cour d'Angleterre.

En somme, ce qui faisait le charme assez difficile à définir de ces quatre sœurs, c'était leur grande simplicité, leur naturel, leur fraîcheur et leur instinctive bonté.

Leur mère, qu'elles adoraient, était en quelque sorte

Si vous avez le second volume de "Notre Dame de Paris" envoyez le moi je vous en prie.

Olga Romanoff.

13. Mai 1914.

Autographe de la grande-duchesse Olga Nicolaïevna.
Livadia (Crimée), 13/26 mai 1914.

infaillible à leurs yeux; seule Olga Nicolaïevna eut parfois quelques velléités d'indépendance. Elles étaient pleines de prévenances exquises pour elle. D'un commun accord et de leur propre initiative, elles s'étaient arrangées de manière à ce que chacune d'elles à tour de rôle fût « de jour » auprès de leur mère, et lui tînt compagnie. Quand l'impératrice était souffrante, celle qui remplissait ce devoir filial se privait ainsi de toute sortie.

Leurs rapports avec l'empereur étaient charmants. Il était à la fois pour elles l'empereur, leur père, et un camarade.

Le sentiment qu'elles éprouvaient pour lui se modifiait ainsi suivant les circonstances, et sans qu'il y eût jamais confusion de « qualité » et d'expression. Ce sentiment allait de la vénération religieuse [1] jusqu'à l'abandon le plus confiant et à la plus cordiale amitié. N'était-il pas tour à tour celui devant qui les ministres, les plus hauts dignitaires de l'Église, les grands-ducs et leur mère même s'inclinaient avec respect, celui dont le cœur paternel s'ouvrait avec tant de bonté à leurs peines, celui enfin qui, loin des yeux indiscrets, savait à l'occasion si gaiement s'associer à leur jeunesse ?

Sauf Olga Nicolaïevna, les grandes-duchesses étaient des élèves assez médiocres. Cela provenait en grande partie du fait que, malgré mes demandes réitérées, l'impératrice ne voulut jamais prendre une gouvernante française, craignant, sans doute, de voir quelqu'un s'interposer entre elle et ses filles. Le résultat, c'est que,

1. Dans le culte orthodoxe, au moment de l'offertoire, lorsque les chantres se sont tus, le prêtre à l'autel proclame, au milieu du silence solennel de l'assemblée agenouillée, cette phrase : « le très pieux, le très autocrate, le très grand souverain empereur ».

lisant le français, et l'aimant, elles n'ont jamais su le parler avec facilité [1].

L'état de santé de l'impératrice explique que l'instruction de ses filles ait été un peu négligée. La maladie d'Alexis Nicolaïévitch avait usé peu à peu sa force de résistance. Au moment des crises, elle se dépensait sans compter, avec une énergie et un courage remarquables. Mais, une fois le danger passé, la nature reprenait ses droits, et, pendant des semaines, elle restait étendue sur une chaise longue, anéantie par l'effort. Olga Nicolaïevna ne répondit pas aux espérances que j'avais fondées sur elle. Sa belle intelligence, ne trouvant pas autour d'elle les divers éléments nécessaires à son développement, au lieu de s'épanouir, tendait à s'étioler. Quant à ses sœurs, elles n'avaient jamais eu que peu de goût pour les études, et étaient surtout douées de qualités pratiques.

Les circonstances les habituèrent de bonne heure toutes les quatre à se suffire à elles-mêmes, et à savoir se contenter des seules ressources de leur bonne humeur native. Combien peu de jeunes filles se fussent accommodées sans récrimination de leur genre de vie, exempt de toute distraction extérieure et qui ne pouvait tirer quelque agrément que de la douceur, tant décriée de nos jours, de l'intimité familiale !

1. Sa Majesté s'entretenait en anglais avec elles, l'empereur en russe exclusivement. Aux personnes de son entourage, l'impératrice parlait anglais ou français ; elle ne s'exprimait en russe (elle avait fini par le posséder assez bien) qu'avec ceux qui ne comprenaient pas d'autre langue. Pendant toutes les années que j'ai passées dans l'intimité de la famille impériale, il ne m'est jamais arrivé d'entendre l'un de ses membres faire usage de l'allemand, à moins qu'il n'y fût forcé par les circonstances : réceptions, invités, etc.

CHAPITRE VII

INFLUENCE DE RASPOUTINE. — Mme WYROUBOVA MES PERPLEXITÉS PÉDAGOGIQUES

(*Hiver 1913-1914, suite*)

Cependant, tandis que la maladie du tsarévitch pesait d'un tel poids sur la famille impériale, et que la faveur de Raspoutine, entretenue par cette inquiétude même, continuait à grandir, les jours allaient leur train paisible, en apparence, à Tsarskoïé-Sélo.

J'étais encore, à cette époque, très mal renseigné sur le *staretz*, et je cherchais par tous les moyens à recueillir des précisions sur lesquelles je pusse fonder avec quelque raison mon jugement, car le personnage m'intriguait fort. Mais ce n'était pas là chose aisée. Non seulement les enfants ne me parlaient jamais de Raspoutine, mais ils évitaient même, en ma présence, toute allusion à ce qui eût pu déceler son existence. Je me rendais compte qu'ils agissaient ainsi par ordre de leur mère. L'impératrice craignait sans doute que, étranger et non orthodoxe, je fusse incapable de comprendre la nature du sentiment qu'elle et les siens éprouvaient pour le *staretz* et qui les faisait le vénérer comme un saint. En imposant à mes élèves ce silence, elle me permettait d'ignorer Raspoutine, ou me faisait entendre qu'elle

tenait à ce que je me comportasse comme si je l'ignorais ; elle prévenait ainsi de ma part toute possibilité
de prendre parti contre un être dont j'étais sensé ne
pas connaître même le nom.

J'avais pu d'ailleurs me convaincre du rôle insigni-
fiant que jouait Raspoutine dans la vie d'Alexis Nicolaïévitch. Le docteur Dérévenko m'avait, à maintes
reprises, raconté les réflexions plaisantes que le tsarévitch avait faites devant lui sur Raspoutine. Ce personnage amusait son imagination d'enfant et piquait
sa curiosité, mais l'influence était nulle.

Depuis les protestations de Mlle Tioutchéva, Raspoutine ne montait plus chez les grandes-duchesses, et
ne venait chez Alexis Nicolaïévitch que dans de très
rares occasions.

On craignait sans doute que je ne le rencontrasse,
car les chambres que j'occupais au palais étaient con-
tiguës à celles du tsarévitch. Comme j'exigeais du personnel attaché à sa personne qu'il me tînt au courant
des plus petits incidents de sa vie, ces entrevues ne
pouvaient avoir lieu à mon insu [1].

Les enfants voyaient Raspoutine chez leurs parents,
mais à cette époque déjà, ses visites au palais étaient
très peu fréquentes. Il se passait souvent des semaines,
parfois un mois, sans qu'on l'y appelât. On prit de plus
en plus l'habitude de le convier chez Mme Wyroubova
qui habitait une petite maison, tout près du palais
Alexandre. L'empereur et le grand-duc héritier n'y
allaient presque jamais, et même là les rencontres
furent toujours assez espacées.

1. J'appris ainsi que du 1er janvier 1914 jusqu'au jour de sa mort,
en décembre 1916, Raspoutine ne vint que trois fois chez Alexis Nicolaïévitch.

Comme je l'ai dit plus haut, c'était Mᵐᵉ Wyroubova qui servait d'intermédiaire entre l'impératrice et Raspoutine; c'était elle qui remettait au *staretz* les lettres qu'on lui destinait et qui rapportait ses réponses — le plus souvent orales — au palais.

Les rapports entre Sa Majesté et Mᵐᵉ Wyroubova étaient très intimes et il ne se passait, pour ainsi dire, pas de jour que celle-ci ne vînt chez l'impératrice. Cette amitié remontait à bien des années. Mᵐᵉ Wyroubova s'était mariée très jeune. Son mari, homme vicieux, ivrogne invétéré, ne sut, d'emblée, qu'inspirer une aversion profonde à celle qu'il venait d'épouser. Ils se séparèrent et Mᵐᵉ Wyroubova s'efforça de trouver dans la religion un apaisement et une consolation. Son malheur la rapprocha de l'impératrice qui, pour avoir souffert elle-même, était attirée par la douleur et aimait à consoler. Elle fut prise de pitié pour cette jeune femme si durement éprouvée, l'accueillit dans son intimité et se l'attacha pour la vie par la bonté qu'elle lui témoigna.

Nature sentimentale et mystique, Mᵐᵉ Wyroubova conçut pour l'impératrice une ferveur sans réserve, mais dangereuse à cause de sa dévotion même, qui manquait de clairvoyance et du sens de la réalité.

L'impératrice à son tour se laissa de plus en plus gagner par ce dévouement d'une sincérité si passionnée. Exclusive comme elle l'était, elle n'admettait guère qu'on ne lui appartînt pas en entier. Elle ne s'ouvrait complètement qu'aux amitiés qu'elle était sûre de dominer; il fallait répondre à sa confiance par un don total de soi-même. Elle ne comprit point ce qu'il y avait d'imprudent à encourager les manifestations de cette fidélité fanatique.

Mme Wyroubova avait gardé une mentalité d'enfant, et ses malheureuses expériences avaient exalté sa sensibilité, sans mûrir sa réflexion. Dépourvue d'intelligence et de discernement, elle se laissait aller à ses impulsions ; pour être inconsidérées, ses opinions sur les gens et les choses n'en étaient que plus absolues. Une impression suffisait à fixer sa conviction bornée et puérile ; immédiatement elle classait les gens, suivant l'impression qu'ils avaient faite sur elle, en « bons » et « mauvais » ; ce qui revenait à dire « amis » ou « ennemis ».

C'est sans calcul de profit personnel, par pure affection pour la famille impériale, et dans le seul désir de lui venir en aide, que Mme Wyroubova cherchait à renseigner l'impératrice, à la gagner à ses préférences ou à ses préventions, à agir, par elle, sur les décisions de la cour. Mais elle était, en réalité, l'instrument aussi docile et inconscient que néfaste d'un groupe de personnages peu scrupuleux qui se servaient d'elle pour faire aboutir leurs intrigues. Elle était incapable d'avoir une politique à elle ni des visées réfléchies, incapable même de deviner le jeu de ceux qui l'employaient. Manquant de volonté, elle subissait entièrement l'influence de Raspoutine et était devenue son plus ferme appui à la cour [1].

Je n'avais pas encore eu l'occasion de voir le *staretz*

1. La « commission extraordinaire d'enquête » nommée par Kerensky a établi l'inexactitude des bruits calomnieux répandus au sujet de ses rapports avec Raspoutine.

Voir à ce propos le rapport de V. M. ROUDNIEF, un des membres de cette commission : « La vérité sur la famille impériale russe. » Paris, 1920. Le fait rapporté par lui m'a été confirmé pendant notre captivité de Tsarskoïé-Sélo par le colonel Korovitchenko, dont il sera question dans la suite de cet ouvrage.

depuis que j'étais au palais, lorsqu'un jour que je m'apprêtais à sortir, je le croisai dans l'antichambre. J'eus le temps de le dévisager pendant qu'il se débarrassait de sa pelisse. C'était un homme de taille élevée, à la figure émaciée, aux yeux gris-bleu très perçants et enfoncés sous des sourcils embroussaillés. Il avait de longs cheveux, une grande barbe à la *moujik* et il portait ce jour-là une blouse russe en soie bleue serrée à la ceinture, un pantalon noir bouffant et de hautes bottes.

Cette rencontre, qui ne se renouvela jamais, me laissa une impression de malaise indéfinissable : pendant les quelques instants où nos regards s'étaient croisés, j'avais eu nettement l'impression de me trouver en présence d'un être malfaisant et troublant.

Cependant les mois passaient et j'avais la joie de constater les progrès de mon élève. Il s'était attaché à moi et s'efforçait de répondre à la confiance que je lui témoignais. J'avais encore beaucoup à lutter contre sa paresse, mais le sentiment que la somme de liberté dont il disposait dépendait entièrement de l'usage qu'il en faisait stimulait son énergie et fortifiait sa volonté. Par bonheur l'hiver avait été bon, et il ne s'était plus produit de crise grave après celle de Livadia.

Je savais bien que ce n'était là qu'un répit, mais je constatais chez Alexis Nicolaïévitch un effort sérieux pour maîtriser sa nature impulsive et turbulente qui, si souvent, hélas ! avait été cause d'accidents graves, et je me demandais si je ne trouverais pas dans cette maladie, si redoutable à d'autres égards, un auxiliaire qui obligerait peu à peu l'enfant à se dominer, et qui tremperait son caractère.

Tout cela m'était d'un très grand réconfort, mais je ne me faisais cependant aucune illusion sur les immenses difficultés de ma tâche. Jamais je n'avais mieux compris combien le milieu contrariait mes efforts. J'avais à lutter contre la flatterie servile de la domesticité et l'adulation niaise d'une partie de l'entourage. C'était même pour moi un grand sujet d'étonnement de voir comment la simplicité naturelle d'Alexis Nicolaïévitch avait résisté jusque-là à l'attrait de ces louanges immodérées.

Je me souviens qu'une députation de paysans d'un des gouvernements du centre de la Russie vint un jour apporter des cadeaux au grand-duc héritier. Les trois hommes qui la composaient, sur l'ordre donné à voix basse par le maître d'équipage Dérévenko, se mirent à genoux devant Alexis Nicolaïévitch pour lui offrir les objets qu'ils lui destinaient. Je remarquai l'air embarrassé de l'enfant qui avait violemment rougi, et, dès que nous fûmes seuls, je lui demandai s'il lui avait été agréable de voir ces gens agenouillés devant lui.

— Oh ! non, mais Dérévenko dit que cela doit être ainsi !

— C'est absurde, l'empereur lui-même n'aime pas qu'on se mette à genoux devant lui. Pourquoi n'empêchez-vous pas Dérévenko d'agir ainsi ?

— Je ne sais pas, je n'ose pas.

J'intervins alors auprès du maître d'équipage et l'enfant fut enchanté de se voir délivré de ce qui était pour lui une véritable contrainte.

Mais ce qui était peut-être plus grave encore, c'était son isolement et les circonstances défavorables dans lesquelles se poursuivait son instruction. Je me rendais

compte qu'il devait presque fatalement en être ainsi,
et que l'éducation d'un prince tend à faire de lui un
être incomplet, qui finit par se trouver hors de la vie
pour n'avoir pas été dès sa jeunesse soumis à la loi
commune. L'enseignement qu'il reçoit ne peut être
qu'artificiel, tendancieux et dogmatique. Il revêt souvent le caractère absolu et intransigeant du catéchisme.
Cela provient de plusieurs causes : du choix des professeurs, du fait que leur liberté d'expression est limitée
par les conventions du milieu et par les égards que
réclame la personnalité exceptionnelle de leur élève ;
du fait enfin, qu'ils doivent parcourir en un nombre
d'années très restreint un vaste programme. Cela les
pousse inévitablement à se servir de formules ; ils
procèdent par affirmations, et songent moins à stimuler
chez leur élève l'esprit de recherche et d'analyse et
les facultés de comparaison, qu'à écarter ce qui pourrait
faire naître en lui une curiosité intempestive et le goût
des investigations non protocolaires.

En outre, un enfant élevé dans ces conditions est
privé d'un élément qui joue un rôle capital dans la
formation du jugement ; il manque toujours des con-
naissances qu'on acquiert en dehors de l'enseignement,
par la vie même, par le libre contact avec ses semblables,
les influences diverses et parfois contradictoires des
milieux, l'observation directe, la franche expérience des
gens et des choses, en un mot, par tout ce qui, au cours
des années, développe l'esprit critique et le sens des
réalités.

Il faudrait, dans ces conditions, qu'un être fût doué
de facultés exceptionnelles pour arriver à voir clair,
à penser juste, et à vouloir opportunément. Entre lui
et la vie il y a des cloisons étanches ; il ne peut concevoir

ce qui se passe derrière ce mur sur lequel on peint, pour l'amuser et l'occuper, de fallacieuses images.

Tout cela me préoccupait beaucoup, mais je savais que ce n'était pas à moi qu'il incomberait, en définitive, de remédier, dans la mesure du possible, à ces graves inconvénients. C'était, en effet, la coutume dans la famille impériale russe de donner au grand-duc héritier, lorsqu'il atteignait sa onzième année, un *vospitatiel* (éducateur) chargé de diriger l'instruction et l'éducation du jeune prince. On le choisissait de préférence parmi des militaires que leur carrière pédagogique semblait désigner pour cette tâche lourde de responsabilités ; on la confiait, le plus souvent, à un général, ancien directeur d'une école militaire. C'était là un poste très envié en raison des prérogatives qu'il conférait, mais surtout à cause de l'influence que ces fonctions permettaient de prendre sur le grand-duc héritier, influence qui souvent restait considérable pendant les premières années de son règne.

Le choix de ce *vospitatiel* avait donc une importance capitale : de lui allait dépendre la direction qui serait donnée à l'éducation d'Alexis Nicolaïévitch, et ce n'est pas sans anxiété que j'attendais sa nomination.

CHAPITRE VIII

VOYAGES EN CRIMÉE ET EN ROUMANIE
VISITE DU PRÉSIDENT POINCARÉ
DÉCLARATION DE GUERRE DE L'ALLEMAGNE

(Avril-Juillet 1914)

Au printemps 1914, comme les années précédentes, la famille impériale partit pour la Crimée. Nous arrivâmes à Livadia le 13 avril, par une journée radieuse. Nous étions comme éblouis par le soleil qui inondait à flots les grandes falaises tombant à pic dans la mer, les petits villages tatares à demi terrés dans les flancs dénudés de la montagne, et les mosquées toutes blanches qui se détachaient avec un éclat intense sur les vieux cyprès des cimetières. Le contraste avec ce que nous venions de quitter était si violent que ce paysage, quoique familier, nous apparaissait dans sa merveilleuse beauté et dans ce chatoiement de lumière, comme quelque chose d'irréel et de féerique.

Ces séjours de printemps en Crimée étaient une détente exquise après les interminables hivers pétersbourgeois et nous nous en réjouissions des mois à l'avance.

Sous prétexte d'installation, on se donna vacances les premiers jours et l'on en profita pour jouir pleinement de cette nature splendide. Puis les leçons reprirent régulièrement. Mon collègue, M. Pétrof, nous accompagnait comme les autres fois.

La santé d'Alexis Nicolaïévitch s'était beaucoup améliorée pendant les derniers mois, il avait grandi et pris un air de santé qui faisait la joie de tous.

Le 8 mai, l'empereur, voulant procurer un plaisir à son fils, décida que l'on profiterait d'une journée qui s'annonçait particulièrement radieuse pour monter jusqu'à la « Pierre rouge ». Nous partîmes en automobile, l'empereur, le grand-duc héritier, un officier du *Standard* et moi. Le maître d'équipage Dérévenko et le cosaque de service de l'empereur avaient pris place dans la voiture qui nous suivait. Nous nous élevâmes peu à peu sur les pentes des monts Jaïla, à travers de belles forêts de pins dont les troncs énormes, aux écailles grisâtres sur fond cuivré, montaient droits et superbes jusqu'au dôme de verdure qui les recouvrait. Nous atteignîmes assez rapidement le but de notre course : un gros rocher surplombant la vallée et, qu'à sa couleur, on eût dit avoir été rouillé au cours des années.

La journée était si belle que l'empereur se décida à prolonger la promenade. Nous passâmes sur le versant nord des monts Jaïla. Il s'y trouvait encore de grands champs de neige, et Alexis Nicolaïévitch prit un plaisir très vif à y faire des glissades. Il courait autour de nous, jouant et folâtrant, roulant dans la neige et se relevant pour retomber quelques instants plus tard. Jamais encore, semblait-il, l'exubérance de sa nature et sa joie de vivre ne s'étaient manifestées avec tant d'ardeur. L'empereur suivait avec un bonheur manifeste les gambades d'Alexis Nicolaïévitch. On le sentait profondément heureux de constater que son fils avait recouvré la santé et les forces dont il avait été privé pendant si longtemps. Cependant la crainte de l'accident ne le quittait pas et, de temps en temps, il intervenait pour modérer la vivacité de l'enfant. L'infirmité du grand-duc héritier était, pour lui, quoiqu'il n'en parlât jamais, une cause de grande souffrance et une préoccupation incessante.

La journée tirait à sa fin et nous prîmes à regret le chemin du retour. L'empereur fut très gai pendant tout le trajet; on avait l'impression que cette journée de liberté consacrée à son fils avait été une très grande jouissance pour lui. Il avait échappé pour un jour aux soucis de son métier de souverain, aux prévenances exquisement polies de son entourage. Grâce à l'imprévu de cette petite fugue, il était même parvenu à déjouer la surveillance de la police du palais, qu'il devinait toujours autour de lui, — bien qu'elle s'exerçât de façon fort discrète, — et qu'il abhorrait. Une fois au moins, il lui avait été donné de vivre comme un simple mortel; il paraissait détendu et reposé.

L'empereur, en temps ordinaire, voyait assez peu ses enfants; ses occupations et les exigences de la vie de cour l'empêchaient de leur donner tout le temps qu'il aurait désiré leur vouer. Il s'était entièrement remis à l'impératrice du soin de leur instruction et, dans les rares moments d'intimité qu'il passait avec eux, il aimait à jouir de leur présence sans arrière-pensée, en toute liberté d'esprit. Il s'efforçait alors d'écarter le souci de la responsabilité immense qui pesait sur lui; il cherchait à oublier qu'il était empereur, pour n'être plus qu'un père.

Aucun incident important ne vint marquer notre vie monotone pendant les semaines qui suivirent.

Vers la fin du mois de mai, le bruit des prochaines fiançailles de la grande-duchesse Olga Nicolaïevna avec le prince Carol de Roumanie [1], se répandit à la cour. Elle avait alors dix-huit ans et demi. Les parents, de part et d'autre, semblaient favorables à ce projet que les conjonctures politiques du moment rendaient très désirable. Je savais également que le ministre des affaires étrangères, M. Sazonof, mettait tout en œuvre pour qu'il aboutît, et que les derniers arrangements devaient être pris lors d'une visite que la famille impériale russe allait faire sous peu en Roumanie.

Au début de juin, un jour que je me trouvais seul avec Olga Nicolaïevna, elle me dit tout à coup avec la franchise empreinte de tant de confiance et de simplicité dont elle était coutumière et qu'autorisaient des rapports remontant à l'époque où elle n'était encore qu'une petite fille :

— Dites-moi la vérité, Monsieur, vous savez pourquoi nous allons en Roumanie ?

Embarrassé, je répondis :

— Je crois que c'est une visite de politesse que l'empereur va faire au roi de Roumanie, pour lui rendre celle qu'il lui a faite autrefois.

— Oui, c'est peut-être le prétexte officiel, mais la raison véritable... Oh ! je sais bien que vous n'êtes pas censé la savoir, mais je suis sûre que tout le monde en parle autour de moi et que vous la connaissez...

Et comme je faisais un signe de tête affirmatif, elle ajouta :

— Eh bien ! si je ne veux pas, ce ne sera pas. Papa m'a promis de ne pas me forcer... et moi, je ne veux pas quitter la Russie.

1. Actuellement prince royal de Roumanie.

— Mais vous pourrez y revenir aussi souvent que vous voudrez.

— Je serais malgré tout une étrangère pour mon pays ; je suis russe et veux rester russe !

Le 13 juin nous nous embarquâmes à Yalta sur le yacht impérial *Standard*, et le lendemain matin nous arrivions à Constantza, le grand port roumain de la mer Noire où devaient avoir lieu les solennités. Sur le quai de débarquement, une compagnie d'infanterie avec drapeau et musique rendait les honneurs militaires, tandis qu'une batterie d'artillerie placée sur le plateau qui domine le port faisait entendre le salut réglementaire. Tous les bâtiments en rade étaient sous grand pavois.

Leurs Majestés furent reçues par le vieux roi Carol, la reine Élisabeth (Carmen Sylva) et les princes et princesses de la famille royale. Après les présentations d'usage, on se rendit à la cathédrale ; un *Te Deum* y fut célébré par l'évêque du Bas-Danube. A une heure, tandis que les personnes de la suite étaient les hôtes du président du Conseil des ministres, un déjeuner intime réunissait les membres des deux familles. Il fut servi dans le pavillon que Carmen Sylva avait fait construire à l'extrémité de la jetée. C'était là une de ses résidences préférées et elle y faisait chaque année de longs séjours. Elle aimait à passer des heures entières à « écouter la mer » sur cette terrasse qui semblait comme suspendue entre le ciel et les flots, et où seuls les grands oiseaux de mer venaient troubler sa solitude.

L'après-midi, Leurs Majestés offrirent un thé à bord du *Standard*, et assistèrent ensuite à une grande revue militaire.

Le soir à huit heures, tout le monde se réunit de

nouveau pour le dîner de gala qui fut servi dans une
jolie salle construite à cette occasion. L'aspect en était
charmant ; les murs et le plafond de stuc blanc, par-
semés de petites lampes électriques disposées avec goût,
les plantes vertes et les fleurs harmonieusement grou-
pées, tout cela formait un ensemble de couleurs et de
lignes fort agréable à l'œil.

L'empereur, ayant à ses côtés la reine Élisabeth et
la princesse Marie [1], occupait le centre d'une longue
table à laquelle avaient pris place quatre-vingt-quatre
convives. L'impératrice, en face de lui, se trouvait
entre le roi Carol et le prince Ferdinand [2]. Olga Nicolaïevna, assise à côté du prince Carol, répondait avec
sa bonne grâce habituelle à ses questions. Quant aux
trois autres grandes-duchesses, qui arrivaient difficilement à cacher l'ennui qu'elles éprouvaient toujours
en pareille circonstance, elles se penchaient à tout
moment de mon côté et d'un coup d'œil amusé me dési-
gnaient leur sœur. Vers la fin du repas qui se déroulait
avec le cérémonial habituel, le roi se leva pour souhaiter
la bienvenue à l'empereur. Il s'exprima en français,
mais avec un fort accent allemand. L'empereur lui
répondit en français également ; il parlait d'une façon
agréable, d'une voix bien timbrée et harmonieuse. Le
dîner terminé, nous passâmes dans une autre salle où
Leurs Majestés tinrent leur cercle, et ceux qui n'étaient
pas appelés auprès d'elles ne tardèrent pas à se grouper
selon les affinités des sympathies ou le hasard des rencontres. Mais la soirée fut écourtée, car le *Standard*
devait quitter Constantza le jour même. Une heure
plus tard le yacht prenait la mer et se dirigeait sur

1. Aujourd'hui reine de Roumanie.
2. Le roi actuel de Roumanie.

Odessa. Le lendemain j'appris que le projet de mariage était abandonné ou tout au moins ajourné *sine die* ; Olga Nicolaïevna avait eu gain de cause.[1]

Le 15 juin, au matin, nous arrivions à Odessa. L'empereur passa en revue les troupes de la garnison qui lui furent présentées par le général Ivanof, commandant de la circonscription militaire.

Le lendemain nous nous arrêtâmes pendant quelques heures à Kichinef, en Bessarabie, afin d'assister à l'inauguration d'un monument élevé à la mémoire d'Alexandre Ier, et le 18 nous rentrions à Tsarskoïé-Sélo. L'empereur y reçut deux jours plus tard la visite du roi de Saxe qui venait le remercier de l'avoir nommé chef honoraire d'un des régiments de sa garde. Il y eut, à cette occasion, une parade devant le Grand Palais de Tsarskoïé-Sélo ; ce fut la seule manifestation extérieure qui marqua le court séjour de ce monarque. Le 23 juin, il prenait congé de la famille impériale.[2]

Peu après, nous partions à notre tour pour Péterhof où nous nous embarquâmes le 14 juillet pour une courte croisière dans les fiords de la Finlande. L'*Alexandria*[3] nous conduisit de Péterhof à Cronstadt où nous attendait le *Standard*. Au moment de monter à bord, le tsarévitch prit mal son élan et vint frapper de la cheville le bas de l'escalier qui menait à la coupée. Je crus

1. Qui aurait pu prévoir alors que par ce mariage elle aurait échappé au sort effroyable qui l'attendait.
2. Quelques semaines plus tard, le roi de Saxe fut le seul des princes confédérés, avec le grand-duc de Hesse, frère de l'impératrice Alexandra Féodorovna, à tenter d'éviter une rupture avec la Russie. Il lui répugnait de s'associer à un acte de violence envers un pays dont il venait d'être l'hôte. Cela ne l'empêcha pas d'ailleurs, après la déclaration de guerre, de tenir les discours les plus belliqueux.
3. Petit yacht à roues. Le tirant d'eau du *Standard* ne lui permettait pas de venir nous prendre à Péterhof.

tout d'abord que cet accident n'aurait pas de suite
fâcheuse. Mais vers le soir l'enfant commença à souffrir
et les douleurs augmentèrent rapidement : tout faisait
prévoir une crise sérieuse.

Je me réveillai le lendemain en plein fiord finlandais.
Le site était exquis : une mer couleur d'émeraude,
nuancée de jolis reflets clairs à la courbure des vagues,
et toute parsemée d'îlots de granit rouge surmontés
de pins dont les troncs flambaient au soleil. Puis, au
second plan, le littoral avec ses longues bandes de sable
jaune, et ses forêts d'un vert sombre qui s'en allaient
très loin se perdre dans le ciel...

Je descendis chez Alexis Nicolaïévitch ; la nuit avait
été très mauvaise ; l'impératrice et le Dr Botkine
étaient auprès de lui, impuissants à calmer ses tortures [1].

La journée s'écoula morne et lente. Depuis la veille
j'avais remarqué parmi les personnes de la suite une
agitation insolite. Je m'informai auprès du colonel D...
et j'appris que Raspoutine avait été victime d'un attentat qui mettait sa vie en danger. Il était parti quinze
jours auparavant pour la Sibérie et, en arrivant à
Pokrovskoïé, son village natal, il avait été frappé par
une jeune femme d'un coup de couteau au ventre ; la
blessure pouvait être mortelle. L'émoi était grand à
bord, ce n'étaient que chuchotements et conciliabules
mystérieux qui cessaient subitement à l'approche de
toute personne que l'on soupçonnait d'appartenir au
clan de Raspoutine. Le sentiment qui primait tous les
autres était l'espoir de se voir enfin délivré de cet être
malfaisant, mais on n'osait encore se laisser aller sans
réserve à la joie : ce damné *moujik* semblait avoir l'âme

---

1. Ces hémorragies sous-cutanées sont particulièrement douloureuses
quand elles se produisent dans une articulation.

chevillée au corps et l'on pouvait craindre qu'il n'en réchappât [1].

Le 19 nous rentrâmes à Péterhof où était attendu le président de la République française ; notre croisière n'était qu'interrompue et nous devions la reprendre sitôt après son départ. Alexis Nicolaïévitch, qui allait mieux depuis deux jours, était encore incapable de marcher et il fallut le porter au sortir du yacht.

Le lendemain après-midi le président de la République arrivait sur le cuirassé *La France* en rade de Cronstadt où l'empereur était venu l'attendre. Ils rentrèrent ensemble à Péterhof et M. Poincaré fut conduit dans les appartements qui avaient été préparés à son intention au Grand Palais. Le soir un dîner de gala fut donné en son honneur, l'impératrice et les dames de sa suite y assistèrent.

Le président de la République fut pendant quatre jours l'hôte de Nicolas II et de nombreuses solennités marquèrent son court séjour. L'impression qu'il fit sur l'empereur fut excellente et j'eus personnellement l'occasion de m'en convaincre dans les circonstances suivantes.

M. Poincaré avait été invité à prendre part au déjeuner de la famille impériale, dont il était le seul convive. On le reçut sans le moindre apparat au petit cottage d'Alexandria, dans le cadre intime de la vie de tous les jours.

1. Raspoutine fut conduit à l'hôpital de Tioumen et opéré par un spécialiste envoyé de Saint-Pétersbourg. L'intervention chirurgicale réussit admirablement et huit jours plus tard le malade était hors de danger. Sa guérison fut considérée comme un miracle : ni le fer, ni le poison ne pouvaient avoir raison de celui que Dieu protégeait visiblement !

Le repas terminé, Alexis Nicolaïévitch vint me chercher et m'exhiba, non sans une certaine fierté, le grand cordon de la Légion d'honneur qu'il venait de recevoir des mains du président de la République. Nous sortîmes ensuite dans le parc où l'empereur ne tarda pas à nous rejoindre :

— Savez-vous que je viens de parler de vous à M. Poincaré ? me dit-il avec sa bonne grâce accoutumée. Il s'est entretenu un moment avec Alexis et m'a demandé qui lui donnait ses leçons de français. C'est un homme tout à fait remarquable, d'une haute intelligence et, ce qui ne nuit jamais, un causeur brillant. Mais ce que j'apprécie le plus, c'est qu'il n'a rien du diplomate [1]. On ne remarque chez lui aucune réticence ; c'est net et franc, et l'on se sent d'emblée gagné de confiance. Ah ! si l'on parvenait à se passer de la diplomatie, ce jour-là l'humanité aurait réalisé un progrès immense !

Le 23 juillet, après un dîner d'adieu offert à Leurs Majestés sur *La France*, le président quittait Cronstadt à destination de Stockholm.

Le lendemain nous apprenions avec stupeur que l'Autriche avait remis la veille au soir un ultimatum à la Serbie [2]. Je rencontrai l'après-midi l'empereur dans le parc, il était préoccupé, mais ne semblait pas inquiet.

1. L'empereur disait que la diplomatie a le secret de faire paraître noir ce qui est blanc. Il me cita un jour à ce propos cette définition que Bismarck a donnée de l'ambassadeur : « Un homme envoyé dans un pays étranger pour y mentir au profit du sien », et il ajouta : « Ils ne sont pas tous de son école, Dieu merci ; mais les diplomates ont le talent de compliquer les questions les plus simples. »

2. L'Autriche retarda la remise de l'ultimatum jusqu'au moment où il fut matériellement impossible que la nouvelle en parvînt à Saint-Pétersbourg avant le départ de Poincaré.

Le 25, un Conseil extraordinaire est réuni à Krasnoïé-Sélo sous la présidence de l'empereur. On décide d'observer une politique de conciliation, digne et ferme toutefois. Les journaux commentent avec passion la démarche de l'Autriche.

Les jours suivants, le ton de la presse devient de plus en plus violent. On accuse l'Autriche de vouloir écraser la Serbie. La Russie ne peut laisser anéantir la petite nation slave. Elle ne peut tolérer la suprématie austro-allemande dans les Balkans. L'honneur national est en jeu.

Cependant, tandis que les esprits s'échauffent, et que la diplomatie met en branle tous les rouages de ses chancelleries, des télégrammes angoissés partent du cottage d'Alexandria pour la lointaine Sibérie où Raspoutine se remet lentement de sa blessure à l'hôpital de Tioumen [1]. Ils ont tous à peu près la même teneur : « Nous sommes effrayés par la perspective de la guerre. Crois-tu qu'elle soit possible ? Prie pour nous. Soutiens-nous de tes conseils. » Et Raspoutine de répondre qu'il faut éviter la guerre à tout prix si l'on ne veut pas attirer les pires calamités sur la dynastie et sur le pays tout entier. Ces conseils répondaient bien au vœu intime de l'empereur dont les intentions pacifiques ne sauraient être mises en doute. Il faut l'avoir vu pendant cette terrible semaine de la fin de juillet pour comprendre par quelles angoisses et quelles tortures morales il a passé. Mais le moment était venu où l'ambition et la perfidie germaniques devaient avoir raison de ses dernières hésitations et allaient tout entraîner dans la tourmente.

---

1. En hiver 1918-19, alors que je me trouvais à Tioumen, j'ai eu sous les yeux la copie de ces télégrammes, dont il m'a été plus tard impossible de me procurer de nouveau le texte.

Malgré toutes les offres de médiation, et bien que le gouvernement russe eût proposé de liquider l'incident par un entretien direct entre Saint-Pétersbourg et Vienne, nous apprenions le 29 juillet que la mobilisation générale avait été ordonnée en Autriche. Le lendemain c'était la nouvelle du bombardement de Belgrade et le surlendemain la Russie répondait par la mobilisation de toute son armée. Le soir de ce même jour, le comte de Pourtalès, ambassadeur d'Allemagne à Saint-Pétersbourg, venait déclarer à Sazonof que son gouvernement donnait un délai de douze heures à la Russie pour arrêter la mobilisation, faute de quoi l'Allemagne mobiliserait à son tour [1].

Le délai accordé par l'ultimatum à la Russie expirait le samedi, 1er août, à midi. Le comte de Pourtalès ne parut cependant que le soir au ministère des affaires étrangères. Introduit chez Sazonof, il lui remit solennellement la déclaration de guerre de l'Allemagne à la Russie. Il était 7 heures 10 ; l'acte irréparable venait de s'accomplir.

1 Le grand État-major allemand savait fort bien que l'interruption de la mobilisation russe, vu son extrême complexité (immensité du pays, petit nombre de lignes de chemins de fer. etc...), provoquerait une telle désorganisation des services qu'il faudrait trois semaines pour pouvoir recommencer le mouvement Trois semaines d'avance pour l'Allemagne, c'était la victoire assurée.

CHAPITRE IX

LA FAMILLE IMPÉRIALE PENDANT LES PREMIERS JOURS DE LA GUERRE. — VOYAGE A MOSCOU

(Août 1914)

Au moment où cette scène historique se déroulait dans le cabinet du ministre des affaires étrangères à Saint-Pétersbourg, l'empereur, l'impératrice et leurs filles assistaient à l'office du soir dans la petite église d'Alexandria. En rencontrant l'empereur quelques heures plus tôt, j'avais été frappé de son expression de grande lassitude : il avait les traits tirés, le teint terreux, et les petites poches qui se formaient sous ses yeux quand il était fatigué semblaient avoir démesurément grandi. Et maintenant il priait de toute son âme pour que Dieu écartât de son peuple cette guerre qu'il sentait déjà toute proche et presque inévitable. Tout son être semblait tendu dans un élan de sa foi simple et confiante. A côté de lui, l'impératrice, dont le visage douloureux avait l'expression de grande souffrance que je lui avais vue si souvent au chevet d'Alexis Nicolaïévitch. Elle aussi priait ce soir-là avec une ferveur ardente, comme pour conjurer la menace redoutable...

Le service religieux terminé, Leurs Majestés et les grandes-duchesses rentrèrent au cottage d'Alexandria ;

il était près de huit heures. L'empereur, avant de se rendre à table, passa dans son cabinet de travail pour prendre connaissance des dépêches qui avaient été apportées en son absence, et c'est ainsi qu'il apprit, par un message de Sazonof, la déclaration de guerre de l'Allemagne. Il eut un court entretien par téléphone avec son ministre et le pria de venir le rejoindre à Alexandria dès qu'il en aurait la possibilité.

Cependant l'impératrice et les grandes-duchesses attendaient à la salle à manger. Sa Majesté, inquiète de ce long retard, venait de prier Tatiana Nicolaïévna d'aller chercher son père, lorsque l'empereur, très pâle, apparut enfin et leur annonça, d'une voix qui malgré lui trahissait son émotion, que la guerre était déclarée. A cette nouvelle l'impératrice se mit à pleurer et les grandes-duchesses, voyant la désolation de leur mère, fondirent en larmes à leur tour [1].

A neuf heures Sazonof arrivait à Alexandria. Il y fut retenu très longtemps par l'empereur qui reçut aussi au cours de la soirée Sir G. Buchanan, ambassadeur de Grande-Bretagne.

Je ne revis l'empereur que le lendemain, après le déjeuner, au moment où il vint embrasser le tsarévitch [2] avant de se rendre à la séance solennelle du Palais d'Hiver d'où il devait, selon la coutume de ses ancêtres, lancer un manifeste à son peuple pour lui annoncer la guerre avec l'Allemagne. Il avait encore plus mauvais visage que la veille, ses yeux brillaient comme s'il avait la fièvre. Il me dit qu'il venait d'apprendre que les

1. Je tiens ces détails de la bouche de la grande-duchesse Anastasie Nicolaïévna qui m'en fit le récit le lendemain.

2. Alexis Nicolaïévitch, encore mal remis de son accident, avait aggravé son état par une imprudence. Il ne put donc accompagner ses parents à Saint-Pétersbourg. Ce fut pour eux un gros crève-cœur.

Allemands avaient pénétré dans le Luxembourg et attaqué les postes de douane français sans que la guerre eût été déclarée à la France.

Je transcris ici quelques-unes des notes que je pris au jour le jour à ce moment-là :

Lundi 3 août. — L'empereur est venu ce matin chez Alexis Nicolaïévitch ; il était transfiguré. La cérémonie d'hier a été l'occasion d'une manifestation grandiose. Lorsqu'il a paru sur le balcon du Palais d'Hiver, la foule immense qui était massée sur la place s'est agenouillée et a entonné l'hymne russe. L'enthousiasme de son peuple a montré au tsar à quel point cette guerre était nationale.

J'apprends que l'empereur a fait hier au Palais d'Hiver le serment solennel de ne pas conclure la paix tant qu'il restera un seul ennemi sur le sol de la Russie. En prenant cet engagement devant le monde entier, Nicolas II marque bien le caractère de cette guerre : c'est la lutte à outrance, la lutte pour l'existence.

L'impératrice s'est entretenue assez longuement avec moi cet après-midi. Elle était dans un violent état d'indignation. Elle venait d'apprendre que, sur l'ordre de Guillaume II, l'impératrice douairière de Russie avait été empêchée de continuer sa route sur Saint-Pétersbourg et avait dû, de Berlin, se rendre à Copenhague.

— Lui, un monarque, arrêter une impératrice ! Comment a-t-il pu en arriver là ? Il a tout à fait changé depuis que le parti militariste, le parti qui hait la Russie, a pris une influence prépondérante sur lui, mais je suis sûre qu'il a été amené à la guerre contre sa volonté. Il y a été entraîné par le Kronprinz qui s'était mis ouvertement à la tête du parti militariste et pangermaniste, et semblait désapprouver la politique de son père. Il a eu la main forcée par lui.

« Je ne l'ai jamais aimé à cause de son manque de sincérité, il a toujours joué la comédie et il est si vaniteux. Il m'a constamment reproché de ne rien faire pour l'Allemagne et il a mis tout en œuvre pour détacher la Russie de la France [1], mais je n'ai jamais cru que c'était pour le bien de la Russie. Cette guerre !... il ne me la pardonnera pas.

« Vous savez que l'empereur a reçu un télégramme de lui avant-hier dans la nuit, plusieurs heures après la déclaration de guerre, et ce télégramme demandait « une réponse immédiate qui seule pouvait encore conjurer l'effroyable malheur ». Il a cherché une fois de plus à tromper l'empereur..., à moins que cette dépêche n'ait été retenue à Berlin par ceux qui voulaient à tout prix que la guerre eût lieu. »

Mardi 4 août. — L'Allemagne a déclaré la guerre à la France et j'apprends aussi que la Suisse a mobilisé. Je me rends à la légation afin d'y prendre les ordres pour un départ éventuel.

Mercredi 5 août. — Je rencontre l'empereur dans le parc ; il m'annonce, tout joyeux, qu'à la suite de la violation de la neutralité belge, l'Angleterre se rallie à la bonne cause. De plus la neutralité de l'Italie semble assurée.

— Nous avons déjà remporté une grande victoire diplomatique, celle des armes suivra et, grâce à l'appui

---

1. Je ne puis pas dire que l'impératrice éprouvât une sympathie personnelle pour la France à laquelle ne l'attachait aucun souvenir, et vers laquelle aucune affinité de tempérament ne la portait. Elle ne comprenait pas le tour d'esprit français, et prenait au sérieux toutes les légèretés de plume de nos « immoralistes ». Par contre, elle goûtait les grands poètes du xix° siècle.

de l'Angleterre, elle viendra plus tôt qu'on ne peut le croire. Les Allemands ont toute l'Europe contre eux, sauf l'Autriche. Leur insolence et leur despotisme ont fini par lasser même leurs alliés : voyez les Italiens !

Le soir j'ai de nouveau une longue conversation avec l'impératrice qui ne peut pas admettre que je parte pour la Suisse.

— C'est absurde, vous n'y arriverez jamais, tous les chemins sont coupés.

Je lui dis qu'un arrangement est intervenu entre l'ambassade de France et la légation de Suisse et que nous partirons tous ensemble par les Dardanelles.

— Le malheur est que si vous avez quelque chance — fort minime d'ailleurs — d'arriver chez vous, vous n'en avez aucune de revenir ici avant la fin de la guerre. Et comme la Suisse ne se battra pas, vous resterez chez vous à ne rien faire.

En ce moment le Dʳ Dérévenko entre dans la salle où je me trouve avec Sa Majesté. Il tient à la main les journaux du soir qui annoncent la violation de la neutralité suisse par l'Allemagne.

— Encore ! mais c'est fou, c'est insensé, s'écrie l'impératrice. Ils ont complètement perdu la tête.

Et comprenant qu'elle ne peut maintenant me retenir, elle n'insiste plus et se met à me parler avec bonté de mes parents qui vont être pendant si longtemps sans nouvelles de moi.

— Je n'ai moi-même aucune nouvelle de mon frère, ajoute-t-elle. Où est-il ? En Belgique, sur le front français ? Je tremble à la pensée que l'empereur Guillaume, par vengeance contre moi, ne l'envoie contre la Russie, il est bien capable de cette vilenie !... Oh ! c'est horrible la guerre ! Que de maux, que de souf-

frances, mon Dieu !... Que deviendra l'Allemagne ?
Quelle humiliation, quel écrasement ! Et tout cela par
la faute des Hohenzollern, par suite de leur orgueil
fou et de leur ambition insatiable. Qu'ont-ils fait de
l'Allemagne de mon enfance ? J'ai gardé de mes premières années de si jolis souvenirs de Darmstadt, si
poétiques, si bienfaisants et j'y avais de bien bons
amis. Mais, lors de mes derniers séjours, l'Allemagne
m'est apparue comme un autre pays, comme un pays
inconnu et que je ne comprenais plus... Il n'y avait
que les vieux avec lesquels je me retrouvais comme
autrefois en communion de pensée et de sentiments.
La Prusse a fait le malheur de l'Allemagne. On a trompé
le peuple allemand, on lui a inculqué des sentiments
de haine et de vengeance qui n'étaient pas dans sa
nature... La lutte va être terrible, monstrueuse, et
l'humanité marche au devant d'effroyables souffrances...

Jeudi 6 *août.* — Je me suis rendu ce matin en ville :
la violation de la neutralité suisse n'est pas confirmée
et semble très invraisemblable ; le passage par les
Dardanelles est impossible. Notre départ est donc renvoyé sans qu'on puisse prévoir quand il aura lieu. Cette
incertitude me pèse.

Dimanche 9 *août.* — L'empereur s'est de nouveau
entretenu assez longuement avec moi aujourd'hui. Il
m'a parlé, comme les jours précédents, avec une confiance et un abandon que seules les circonstances
exceptionnelles que nous traversons peuvent expliquer.
Jamais ni lui, ni l'impératrice, n'abordaient avec moi
de sujets politiques ou d'ordre intime. Mais les événements prodigieux de ces jours derniers, et le fait que
j'ai été de si près mêlé à leurs soucis et à leurs angoisses,
m'ont rapproché d'eux et ont fait tomber momentané-

ment les barrières conventionnelles de l'étiquette et des usages de cour.

L'empereur me parle tout d'abord de la séance solennelle que la Douma a tenue la veille. Il me dit la joie immense que lui ont causée son attitude résolue et digne, son ardent patriotisme.

— La Douma a été à la hauteur des circonstances, elle a été vraiment l'expression de la nation, car le peuple russe tout entier a ressenti l'injure que lui a faite l'Allemagne. J'ai pleine confiance en l'avenir maintenant... Pour moi, j'ai fait tout ce que j'ai pu pour éviter cette guerre et je me suis prêté à toutes les concessions compatibles avec notre dignité et notre honneur national... Vous ne pouvez vous figurer combien je suis heureux d'être sorti de cette horrible incertitude, car je n'ai jamais enduré de torture semblable à l'angoisse des jours qui ont précédé la guerre. Je suis sûr qu'il se produira maintenant en Russie un mouvement analogue à celui de la grande guerre de 1812.

Mercredi 12 août. — C'est l'anniversaire d'Alexis Nicolaïévitch qui a aujourd'hui dix ans.

Vendredi 14 août. — Le grand-duc Nicolas Nicolaïévitch [1], commandant en chef des armées russes est, parti pour le front. Avant de quitter Péterhof, il est venu à Alexandria pour présenter à l'empereur le premier trophée de guerre, une mitrailleuse prise aux Allemands dans un des combats qui ont marqué le début des opérations à la frontière de la Prusse orientale.

Samedi 15 août. — On m'a annoncé hier soir que

1. Le grand-duc Nicolas Nicolaïévitch, petit-fils de Nicolas Ier, avait été nommé par l'empereur généralissime des armées russes, aussitôt après la déclaration de guerre.

j'étais officiellement dispensé de rentrer en Suisse. J'apprends que c'est le résultat d'une démarche que Sazonof a fait faire à Berne, sur la demande de Sa Majesté. Au reste, il est de plus en plus douteux que les Suisses puissent partir.

La famille impériale doit se rendre le 17 à Moscou où l'empereur, selon la coutume de ses ancêtres, désire aller implorer sur lui et sur son peuple la bénédiction de Dieu, à l'heure tragique que le pays traverse.

Lundi 17 août. — L'arrivée de Leurs Majestés à Moscou a été l'un des spectacles les plus impressionnants et les plus émouvants qu'il m'ait été donné de voir jusqu'ici...

Après les réceptions d'usage à la gare, nous nous acheminons en une longue file de voitures vers le Kremlin. Une foule immense a rempli les places et les rues, a escaladé les toits des boutiques, s'accroche en grappes aux arbres des squares, aux devantures des magasins, s'écrase aux balcons et aux fenêtres des maisons et, tandis que toutes les cloches des sanctuaires sonnent sans interruption, de ces milliers de poitrines s'élève, formidable de grandeur religieuse et d'émotion contenue, ce merveilleux hymne russe où s'exprime la foi de tout un peuple :

> Dieu, garde le Tsar !
> Fort et puissant, règne pour notre gloire,
> Règne pour l'effroi de nos ennemis, Tsar orthodoxe.
> Dieu, garde le Tsar !

Sur le seuil des églises, dont les portes grandes ouvertes laissent apercevoir les lueurs des cierges qui brûlent devant l'iconostase, les prêtres en habits sacerdotaux et tenant à deux mains leur grand crucifix

d'or, bénissent au passage le tsar d'un large signe de
croix. L'hymne meurt et renaît, montant comme une
prière d'un rythme puissant et majestueux :

Dieu, garde le Tsar !

Le cortège arrive à la porte Ibérienne [1]. L'empereur
descend de voiture et, selon l'usage, entre dans la chapelle pour baiser l'image miraculeuse de la Vierge
d'Ibérie. Il en ressort, fait quelques pas et s'arrête,
dominant la multitude immense. Sa figure est grave
et recueillie ; immobile il écoute la voix de son peuple
et semble communier avec lui. Une fois encore il a
entendu battre le cœur de la grande Russie...

Il se tourne ensuite du côté de la chapelle, se signe,
puis, se recouvrant, rejoint à pas lents sa voiture qui
disparaît sous la vieille porte et gagne le Kremlin.

Alexis Nicolaïévitch se plaint beaucoup de nouveau
de sa jambe, ce soir. Pourra-t-il marcher demain ou
faudra-t-il qu'on le porte lorsque Leurs Majestés se
rendront à la cathédrale ? L'empereur et l'impératrice
sont désespérés. L'enfant n'a déjà pas pu assister à
la cérémonie du Palais d'Hiver. Il en est presque toujours ainsi lorsqu'il doit paraître en public : on peut
être presque certain qu'une complication surviendra
au dernier moment. Il semble vraiment qu'un sort fatal
le poursuit.

Mardi 18 août. — Quand Alexis Nicolaïévitch a
constaté, ce matin, qu'il ne pouvait pas marcher, son
désespoir a été très grand. Leurs Majestés décident

1. C'est la porte par laquelle les tsars passaient toujours pour se
rendre au Kremlin lorsqu'ils venaient à Moscou. Elle conduit de la ville
à la Place Rouge qui s'étend tout le long du mur est du Kremlin.

cependant qu'il assistera à la cérémonie ; il sera porté par un des cosaques de l'empereur. Mais c'est une cruelle déception pour les parents qui craignent de voir s'accréditer dans le peuple l'idée que le grand-duc héritier est infirme.

A onze heures, lorsque l'empereur paraît au haut de l'Escalier Rouge, la foule immense qui se presse sur la place l'acclame frénétiquement. Il descend lentement donnant le bras à l'impératrice, s'avance, suivi d'un long cortège, sur la passerelle qui relie le palais à la cathédrale de l'Assomption et pénètre dans l'église au milieu des ovations enthousiastes de la multitude. Les métropolites de Kief, Saint-Pétersbourg et Moscou, ainsi que les hauts dignitaires du clergé orthodoxe, sont présents. A la fin de l'office, les membres de la famille impériale s'approchent l'un après l'autre des saintes reliques qu'ils baisent pieusement, et se prosternent devant les tombeaux des Patriarches. Ils se rendent ensuite au monastère des Miracles pour prier sur la tombe de saint Alexis.

Longtemps encore après que Leurs Majestés furent rentrées au palais, la foule a continué à stationner sur la place dans l'espoir de les revoir. Et lorsque nous sommes sortis, plusieurs heures plus tard, il y avait encore des centaines de paysans sur l'esplanade.

Jeudi 20 août. — L'enthousiasme ne fait que c de jour en jour. Il semble que le peuple de M de posséder le tsar et désireux de le gard temps possible, veuille se l'attacher de son affection. Les démonst en plus spontanées, bruyante

Nous sortons chaque Nicolaïévitch et moi.

Mont des Moineaux, d'où l'on a une vue superbe sur la vallée de la Moskova et sur la ville des tsars. C'est de cet endroit que Napoléon observa Moscou avant d'y entrer, le 14 septembre 1812. Le spectacle est vraiment grandiose : au premier plan, tout au pied de la colline, le couvent de Novo-Diévitchy avec son enceinte fortifiée et ses seize tours à meurtrières; puis, un peu en arrière, la Ville Sainte avec ses quatre cent cinquante églises, ses palais et ses parcs, ses monastères entourés de murs crénelés, ses coupoles dorées et ses bulbes aux couleurs vives et aux formes bizarres.

Ce matin, comme nous rentrions de notre promenade habituelle, le chauffeur s'est vu obligé de stopper en arrivant dans une des rues assez étroites du quartier de Jakimanskaïa, tant l'affluence était grande. Il n'y avait là que des gens du peuple et des paysans des environs, venus en ville pour leurs affaires ou dans l'espoir de voir le tsar. Tout à coup des cris se font entendre : « L'héritier !... L'héritier !... » La foule se précipite, nous entoure, nous serre de si près que nous nous trouvons bloqués, et comme prisonniers de ces ouvriers, de ces marchands qui se bous- gesticulent et se démènent pour mieux vitch. Des femmes et des enfants s'enhar- peu, escaladent les marchepieds de la longent leurs bras au travers des portières ils sont parvenus à effleurer l'enfant, s'écrient ouché !... j'ai touché l'héritier !... » effrayé de la violence de ces rejeté au fond de la voiture. Il imprévu de cette manifestation te des formes si excessives, et si Il se rassure toutefois en voyant les bons sourires de ces braves gens, mais il reste confus, gêné par l'attention dont il est l'objet, ne sachant que dire ni que faire. Pour moi je me demande, non sans angoisse, comment tout cela va finir, car je sais qu'aucun service d'ordre n'est prévu pour les promenades du grand-duc héritier, dont ni l'heure, ni l'itinéraire ne peuvent être fixés à l'avance. Je commence à craindre qu'un accident ne se produise au milieu de cette effroyable cohue de gens qui s'écrasent autour de nous.

Cependant deux gros *gorodovy* (sergents de ville) arrivent tout essoufflés, criant et tempêtant. La foule, avec l'obéissance passive et résignée du *moujik*, oscille, puis reflue lentement. Je donne alors au maître d'équipage Dérévenko, qui nous suivait dans une seconde voiture, l'ordre de prendre les devants et nous parvenons ainsi à nous dégager à tour de roues.

Vendredi 21 *août.* — Leurs Majestés, avant de rentrer à Tsarskoïé-Sélo, ont tenu à se rendre au couvent de Troïtsa, le plus célèbre des sanctuaires de Russie après la vieille *laure* de Kief. Le train nous amène jusqu'à la petite station de Serghievo, d'où nous gagnons en voiture le monastère. Campé sur une hauteur, on le prendrait, de loin, pour un énorme bourg fortifié, si les clochers bariolés et les dômes dorés de ses treize églises ne venaient révéler sa véritable destination. Rempart de l'orthodoxie, il eut à subir au cours de son histoire des assauts redoutables, dont le plus fameux est le siège qu'il soutint pendant seize mois au début du xviie siècle contre une armée de trente mille Polonais.

C'est, avec Moscou, et les villes de la Volga supérieure, l'endroit où s'évoque avec le plus d'intensité le passé, la Russie des boïards, des grands-ducs de Moscou, des premiers tsars, et où s'explique le mieux la formation historique du peuple russe.

La famille impériale assiste à un *Te Deum*, et se prosterne devant les reliques de saint Serge, le fondateur du couvent. L'archimandrite remet alors à l'empereur une icone peinte sur un fragment du cercueil de ce saint, un des plus vénérés de toute la Russie. Jadis cette image accompagnait toujours les tsars dans leurs campagnes. Sur l'ordre de l'empereur, elle sera transportée au Grand Quartier Général et placée dans « l'église de campagne » du commandant en chef des troupes russes.

L'empereur, l'impératrice et leurs enfants se rendent ensuite dans la petite église de Saint-Nicon, puis ils s'arrêtent quelques instants dans les anciens appartements des patriarches. Mais le temps presse et nous devons renoncer à visiter l'ermitage de Gethsémané, qui se trouve à une petite distance du monastère, et où, selon un usage encore fréquent en Russie, certains ermites se font enfermer dans des cellules souterraines murées. Ils y vivent ainsi dans le jeûne et la prière, parfois jusqu'à la fin de leurs jours, complètement retranchés de ce monde et ne recevant leur nourriture que par un guichet, seul moyen de communication avec leurs semblables qui leur soit laissé.

La famille impériale prend congé de l'archimandrite et quitte le couvent, accompagnée jusqu'à l'enceinte extérieure par une foule de moines qui se pressent autour des voitures.

7

CHAPITRE X

LES SIX PREMIERS MOIS DE GUERRE

Nous rentrâmes le 22 août à Tsarskoïé-Sélo, où
l'empereur allait être obligé de séjourner quelque temps
avant de pouvoir se rendre au G. Q. G. (Grand Quartier
Général). Les décisions les plus graves exigeaient sa
présence à proximité immédiate de la capitale.

Malgré l'effroyable responsabilité qui pesait sur lui,
l'empereur ne fit jamais preuve d'autant de fermeté,
de décision et de consciente énergie que pendant cette
période du début de la guerre. Jamais sa personnalité
ne s'affirma avec plus d'autorité. On avait l'impression
qu'il s'était donné corps et âme à la tâche formidable
qui consistait à mener la Russie à la victoire. On sentait
en lui comme un rayonnement de force intérieure et
une volonté tenace de vaincre, qui gagnait tous ceux
qui l'approchaient.

L'empereur était un modeste et un timide, il était
de ceux qui hésitent constamment par excès de scrupules, et qui, par l'effet d'une sensibilité et d'une délicatesse exagérées, ne se décident que difficilement à
imposer leur volonté. Il doutait de lui-même et était
persuadé qu'il n'avait pas de chance. Sa vie, hélas !
paraissait prouver qu'il n'avait pas entièrement tort.
De là ses incertitudes et ses doutes. Mais cette fois

il semblait bien que quelque chose était changé en lui. D'où lui venait donc cette confiance ?

C'est que, d'une part, l'empereur avait foi en la sainteté de la cause qu'il défendait, — les événements de la fin de juillet lui avaient donné l'occasion de percer à jour la duplicité allemande dont il avait failli être victime, — et que, d'autre part, il n'avait jamais été aussi près de son peuple ; il se sentait comme porté par lui. Son voyage à Moscou lui avait montré combien cette guerre était populaire et combien on lui était reconnaissant d'avoir, par son attitude digne et ferme, relevé encore aux yeux de l'étranger le prestige de la nation. Jamais l'enthousiasme des masses ne s'était manifesté avec une telle spontanéité et une telle ampleur. Il avait le sentiment d'avoir le pays tout entier derrière lui et il espérait que les dissensions politiques, qui avaient pris fin en présence du danger commun, ne reparaîtraient pas tant que durerait la guerre.

Le désastre de Soldau, en Prusse orientale, survenu quelques jours après son retour de Moscou, n'avait pas ébranlé sa confiance. Il savait que la cause de ce grand malheur avait été la concentration insuffisante des troupes et l'extrême précipitation avec laquelle l'armée du général Samsonof avait dû pénétrer en territoire allemand, pour attirer sur elle une partie des forces ennemies et dégager ainsi le front occidental. Mais cette défaite avait été compensée une semaine plus tard par la victoire de la Marne. Il ne fallait donc pas regretter ce sacrifice puisqu'il avait sauvé la France et par contre-coup la Russie. Il est vrai qu'on aurait pu obtenir ce même résultat avec moins de pertes et que le commandement russe n'était pas exempt de tout reproche, mais c'était là un de ces malheurs comme il peut toujours s'en produire au commencement d'une campagne.

L'empereur gardait donc toute sa confiance et toute son énergie. Dès le début de la guerre, et malgré l'opposition de personnages influents, il avait interdit la fabrication et la vente de l'alcool. C'était là une perte très sensible pour le Trésor, et cela à un moment où l'on allait, plus que jamais, avoir besoin d'argent. Mais sa conviction avait été plus forte que toutes les objections qu'on lui avait présentées. Il avait fait acte personnel aussi en cherchant à remplacer les ministres impopulaires par des hommes auxquels les sympathies de la Douma semblaient acquises. Il voulait marquer par là son désir sincère d'une collaboration plus réelle avec la représentation nationale.

Le 3 octobre, l'empereur était parti pour le G. Q. G., où il avait passé trois jours, et, après une courte visite aux troupes de la région de Brest et de Kovno, il était rentré à Tsarskoïé-Sélo. A partir de ce moment il entreprit des tournées périodiques au front et à l'intérieur, visitant les différents secteurs de cette immense armée, les ambulances et les hôpitaux militaires, les usines de l'arrière, tout ce qui, en un mot, jouait un rôle dans la conduite de cette guerre formidable.

L'impératrice, dès le début, s'était consacrée aux blessés, et elle avait décidé que les grandes-duchesses Olga Nicolaïévna et Tatiana Nicolaïévna la seconderaient dans cette tâche. Elles suivaient donc toutes trois un cours d'infirmières et passaient chaque jour plusieurs heures à donner leurs soins à ceux qui étaient évacués sur Tsarskoïé-Sélo. Sa Majesté, tantôt avec l'empereur, tantôt seule avec ses deux filles aînées, était allée à plusieurs reprises visiter les établissements de la Croix Rouge dans les villes de l'ouest et du centre de la Russie. Sur sa demande, de nombreux hôpitaux militaires avaient été créés et l'on avait organisé des trains sanitaires, spécialement aménagés pour l'évacuation souvent fort lente, vu les distances, des blessés vers l'arrière. Cet exemple avait été suivi, et jamais l'initiative privée ne s'était manifestée avec autant d'élan et de générosité.

Enfin, un congrès de tous les *zemstvos* [1] et de toutes les municipalités de Russie s'était réuni à Moscou pour grouper les forces du pays. Sous l'impulsion d'hommes énergiques et désintéressés, ce congrès s'était transformé rapidement en une organisation puissante qui disposait de ressources immenses, et était à même de fournir une aide précieuse au gouvernement.

Il n'y avait jamais eu en Russie de mouvement comparable à celui-là par son ampleur et son patriotisme. Cette guerre était devenue celle de la nation.

Septembre avait été marqué pour les armes russes par des alternatives de succès et de revers. Dans la Prusse orientale la défaite de Soldau avait été suivie de celle des Lacs de Mazurie, où la supériorité allemande s'était affirmée de nouveau. Par contre, en Galicie, les Russes s'étaient emparés de Lemberg et ils avaient poursuivi leur avance irrésistible, infligeant des pertes sérieuses à l'armée autrichienne qui s'était repliée sur les Carpathes. Le mois suivant, les Allemands avaient tenté de s'emparer de Varsovie, mais leurs assauts furieux étaient venus se briser contre l'admirable

1. Dans 39 gouvernements de la Russie, le pouvoir exécutif était assisté par des *états (zemstvos)* qui s'occupaient des intérêts économiques du gouvernement, de la création d'écoles et d'hôpitaux, etc. Il y avait aussi des *zemstvos* de district dans ces mêmes gouvernements.

résistance des Russes. Les sacrifices, de part et d'autre, avaient été considérables.

En décembre, l'empereur partit pour le Caucase où opérait l'armée du sud. Il désirait passer quelque temps au milieu de ces troupes qui luttaient, dans des conditions extrêmement pénibles, contre les divisions turques massées à la frontière de l'Arménie. A son retour, il rejoignit à Moscou l'impératrice et les enfants qui s'étaient portés à sa rencontre. L'empereur visita les écoles militaires et se rendit à plusieurs reprises avec Sa Majesté, le grand-duc héritier et ses sœurs dans les hôpitaux et les infirmeries de la ville.

L'enthousiasme de la population, pendant les cinq jours que nous passâmes alors à Moscou, fut tout aussi vibrant qu'au mois d'août, et les souverains ne quittèrent qu'à regret l'ancienne capitale moscovite, l'empereur pour se rendre au G. Q. G., et le reste de la famille pour rentrer à Tsarskoïé-Sélo.

Après les fêtes du Nouvel an, l'empereur continua ses voyages périodiques au G. Q. G. et au front. L'armée se préparait pour la grande offensive qui devait avoir lieu en mars.

Pendant tout cet hiver, la santé du tsarévitch fut très satisfaisante et les leçons purent suivre leur cours régulier. Au début du printemps Sa Majesté m'annonça que l'empereur et elle avaient décidé de renoncer pour le moment, vu les circonstances, à donner un vospitatiel à Alexis Nicolaïévitch. Je me trouvai donc, contre mon attente, obligé d'assumer seul pendant un certain temps encore la lourde responsabilité qui m'incombait, et de chercher à remédier de mon mieux aux lacunes de l'éducation du grand-duc héritier. J'avais le senti-

ment très net qu'il fallait le faire sortir, ne fût-ce que
quelques heures par jour, de son milieu habituel, et
chercher à le mettre en contact direct avec la vie. Je
me procurai une carte d'État-major de la contrée et
je pus combiner une série d'excursions en automobile
qui nous permirent de parcourir peu à peu tous les
environs dans un rayon d'une trentaine de kilomètres.
Nous partions aussitôt après le déjeuner, nous arrêtant
souvent aux abords des villages que nous rencontrions,
pour regarder travailler les paysans. Alexis Nicolaïévitch aimait à les questionner et ils lui répondaient
avec la bonhomie et la simplicité du *moujik* russe, sans
soupçonner le moins du monde à qui ils parlaient. Les
lignes de chemin de fer de la banlieue pétersbourgeoise
exerçaient une grande attraction sur Alexis Nicolaïévitch. Il prenait le plus vif intérêt au mouvement des
petites gares que nous traversions, aux travaux de
réfection des voies, des ponts, etc.

La police du palais s'alarma de ces promenades qui
avaient lieu en dehors de la zone gardée, et dont l'itinéraire n'était jamais connu à l'avance. Je fus invité à
me conformer aux règles établies, mais je n'en tins pas
compte et nos excursions continuèrent comme par le
passé. La police alors modifia son service de surveillance,
et, chaque fois que nous quittions le parc, nous étions
sûrs de voir déboucher une automobile qui s'élançait
sur nos traces. C'était une des plus grandes joies d'Alexis
Nicolaïévitch de chercher à la dépister ; nous y réussîmes parfois.

J'étais surtout préoccupé cependant de trouver le
moyen de donner des camarades au grand-duc héritier.
C'était là un problème dont la solution était fort malai-

sée. Les circonstances vinrent heureusement d'elles-mêmes combler en partie cette lacune. Le Dr Dérévenko avait un fils qui était à peu près du même âge qu'Alexis Nicolaïévitch. Les deux enfants firent connaissance et ne tardèrent pas à se lier d'amitié ; il n'y avait pas de dimanche, de jour de fête ou de congé qui ne les rapprochât. Leurs rapports finirent par devenir journaliers et le tsarévitch obtint même la permission d'aller en visite chez le Dr Dérévenko qui habitait une petite villa non loin du palais. Il y passa souvent tout l'après-midi à jouer avec son ami et ses camarades dans l'intérieur modeste d'une famille bourgeoise. On critiqua beaucoup cette innovation, mais les souverains laissèrent dire ; ils étaient si simples eux-mêmes dans leur vie privée qu'ils ne pouvaient qu'encourager les mêmes goûts chez leurs enfants.

Cependant la guerre avait apporté un changement assez notable dans notre existence ; la vie déjà austère du palais l'était devenue plus encore. L'empereur était souvent absent. L'impératrice qui, ainsi que ses deux filles aînées, portait constamment l'uniforme d'infirmière, partageait son temps entre ses visites aux hôpitaux et les nombreuses occupations que lui valaient les organisations de secours aux blessés. Elle s'était beaucoup fatiguée au début de la guerre. Elle s'était dépensée sans compter, avec la fougue et l'ardeur qu'elle apportait à tout ce qu'elle entreprenait. Bien que sa santé fût déjà très fortement éprouvée, elle faisait preuve d'un ressort étonnant. Il semblait qu'elle puisât un réconfort très grand dans l'accomplissement de la belle œuvre qu'elle avait entreprise : elle y trouvait à la fois une satisfaction à son besoin de dévouement, et l'oubli des angoisses et des appréhensions que lui causait — même dans ses périodes d'accalmie — la maladie du tsarévitch.

La guerre avait encore eu pour résultat, aussi réjouissant qu'inattendu, de reléguer Raspoutine au second plan. Il était rentré de Sibérie, à la fin de septembre, complètement rétabli de la terrible blessure qui avait mis ses jours en si grand danger. Mais tout laissait supposer que depuis son retour il était un peu négligé ; en tout cas ses visites étaient devenues encore plus rares. Il est vrai que, comme Alexis Nicolaïévitch s'était bien porté pendant tout l'hiver, on n'avait pas eu besoin de recourir à son intervention, et qu'ainsi il s'était vu privé de ce qui faisait sa plus grande force.

Néanmoins son pouvoir restait, malgré tout, très grand ; j'en avais eu la preuve, peu de temps auparavant, lors d'un terrible accident de chemin de fer qui avait failli causer la mort de Mme Wyroubova. Retirée presque sans vie de dessous les débris de son wagon, elle avait été ramenée à Tsarskoïé-Sélo dans un état qui semblait désespéré. L'impératrice, consternée, s'était rendue immédiatement au chevet de celle qui était presque sa seule amie. Raspoutine, mandé en toute hâte, s'y trouvait également. L'impératrice voyait dans ce malheur une nouvelle preuve de la fatalité qui, elle en avait le sentiment, s'acharnait avec tant de constance sur tous ceux qu'elle aimait. Et comme, dans son angoisse, elle demandait à Raspoutine si Mme Wyroubova vivrait, il lui répondit :

— Dieu te la laissera, si elle est utile à toi et au pays ; si au contraire son action est nuisible, Dieu la reprendra ; moi-même je ne puis connaître ses desseins impénétrables.

C'était là, il faut l'avouer, une manière fort habile de se tirer d'une question embarrassante. Si Mme Wyroubova se remettait de son accident, Raspoutine s'assurait à tout jamais sa reconnaissance, puisque, grâce à lui, sa guérison consacrerait en quelque sorte la mission qu'elle remplissait auprès de l'impératrice. Si elle succombait, Sa Majesté verrait dans sa mort une manifestation des voies insondables de la Providence, et se consolerait plus facilement de sa perte [1].

Son intervention avait valu à Raspoutine un regain d'influence, mais ce ne fut que momentané ; malgré tout, il semblait bien que quelque chose avait changé et que son importance se trouvait diminuée. Ma satisfaction était grande de le constater et je m'en réjouissais d'autant plus que j'avais eu, peu de temps auparavant, une longue conversation au sujet du *staretz* avec le ministre de Suisse à Pétrograd [1]. Les précisions qu'il m'avait données au cours de notre entretien ne me permettaient plus de garder le moindre doute sur la véritable personnalité de Raspoutine. C'était bien, comme je l'avais supposé, un mystique dévoyé qui possédait une sorte de puissance psychique ; un déséquilibré travaillé tour à tour par des désirs charnels et des aspirations mystiques, un être capable après des nuits d'orgie d'avoir des semaines d'extase religieuse... Mais je n'avais jamais soupçonné, avant cette entrevue, l'importance que l'on attribuait, non seulement dans les milieux russes, mais même dans les ambassades et les légations de Pétrograd, au rôle politique de Ras-

1. Mme Wyroubova survécut à ses blessures, sa convalescence fut fort longue et elle resta infirme à la suite de cet accident.
2. Le 31 août 1914, un ukase de l'empereur avait décrété que Saint-Pétersbourg s'appellerait désormais *Pétrograd*.

poutine. On en exagérait beaucoup la portée, mais le fait seul que cette influence pût exister était une sorte de défi à l'opinion publique. De plus la présence de cet homme à la cour était un sujet d'étonnement et de scandale pour tous ceux qui connaissaient les débordements de sa vie privée. Il y avait là, je m'en rendais compte, un danger très grand pour le prestige de Leurs Majestés, une arme que leurs ennemis chercheraient tôt ou tard à employer contre eux.

Le seul remède eût été l'éloignement de Raspoutine, mais quelle était la force capable de provoquer sa disgrâce ? Je connaissais trop bien les causes profondes de son pouvoir sur l'impératrice pour ne pas craindre, au contraire, si les circonstances lui étaient favorables, un retour de son influence.

Ces six premiers mois de guerre n'avaient pas apporté les résultats qu'on en avait espérés, et tout faisait prévoir que la lutte serait très longue et fort dure. Des complications inattendues pouvaient surgir, car la prolongation de la guerre devait entraîner des difficultés économiques très grandes qui risquaient de provoquer du mécontentement et des désordres. Tout cela préoccupait beaucoup l'empereur et l'impératrice ; ils s'en montraient fort soucieux.

Comme toujours, aux moments de trouble et d'angoisse, c'était dans la religion et dans l'affection de leurs enfants qu'ils puisaient le réconfort dont ils avaient besoin. Les grandes-duchesses avaient accepté, avec autant de simplicité que de bonne humeur, la vie de plus en plus austère qu'on menait au palais. Il est vrai que leur existence, si complètement dépourvue de ce qui fait l'agrément habituel de celle des jeunes filles, les y avait préparées. En 1914, lorsque la guerre éclata, Olga Nicolaïévna allait avoir dix-neuf ans et Tatiana Nicolaïévna venait de fêter son dix-septième anniversaire. Elles n'avaient jamais assisté à un bal, à peine avaient-elles pris part à une ou deux soirées chez leur tante, la grande-duchesse Olga Alexandrovna. Dès le début des hostilités, elles n'eurent plus qu'une pensée : alléger les soucis et les angoisses de leurs parents en les entourant de leur amour qui se manifestait par les attentions les plus touchantes et les plus délicates.

Quel exemple, si on l'eût connue, que l'intime et digne tendresse de cette vie familiale, mais combien peu de gens la soupçonnèrent ! Il est vrai que, trop indifférente à l'opinion, elle se dérobait aux regards.

CHAPITRE XI

RETRAITE DE L'ARMÉE RUSSE.
L'EMPEREUR PREND LE COMMANDEMENT EN CHEF.
INFLUENCE GRANDISSANTE DE L'IMPÉRATRICE.

(Février à Septembre 1915)

Malgré les succès remportés en automne par les Russes en Galicie, la situation restait très indécise au printemps de 1915. De part et d'autre on s'était préparé à reprendre avec un nouvel acharnement la lutte dont les combats de janvier et de février n'étaient que le prélude. Du côté russe il semblait que toutes les mesures eussent été prises pour donner à l'armée le maximum de sa force combative et assurer son ravitaillement normal. Du moins l'empereur, sur la foi des rapports qui lui avaient été faits, se croyait-il assuré qu'il en était ainsi, et il avait mis tout son espoir dans cette campagne du printemps.

Ce furent les Autrichiens qui commencèrent l'offensive, mais les Russes contre-attaquèrent avec vigueur et leur supériorité ne tarda pas à s'établir nettement sur tout le front. Pendant la première quinzaine de mars leur succès continua à s'affirmer. Le 19, ils s'emparaient de la forteresse de Przemysl : toute la garnison et un butin de guerre considérable tombaient entre leurs mains. Ce fut dans tout le pays une joie immense.

L'empereur rentra le 24 mars du G. Q. G. ; il était rayonnant. Le sort des armes allait-il décidément tourner en faveur de la Russie ?

A la mi-avril les divisions russes couronnaient la crête des Carpathes et menaçaient les riches plaines de la Hongrie ; l'armée autrichienne était à bout de souffle. Mais ces succès avaient été achetés au prix de pertes énormes et la lutte en montagne se prolongeait dans des conditions extrêmement pénibles même pour le vainqueur. De plus la prolongation de la guerre faisait sentir ses effets à l'intérieur du pays ; on commençait à souffrir de la cherté des vivres, et le manque de moyens de transport paralysait la vie économique. Il fallait que la solution intervînt sans délai.

Cependant l'Allemagne ne pouvait rester indifférente à l'effondrement de l'armée autrichienne, et dès que le danger lui était apparu nettement elle s'était efforcée de le conjurer en prenant toutes les mesures qui étaient en son pouvoir. Plusieurs corps d'armée allemands avaient été massés à l'est de Cracovie et placés sous les ordres du général von Mackensen qui devait attaquer le flanc de l'armée russe et chercher à couper de leur base les troupes opérant dans les Carpathes. L'offensive eut lieu au commencement de mai et, sous la pression des Allemands, l'armée russe de la Galicie occidentale fut obligée de se replier rapidement vers l'est. Il fallut se résigner à abandonner les défilés des Carpathes dont la possession avait coûté tant d'efforts, et redescendre dans la plaine. Les troupes se battirent avec un courage et une endurance remarquables, mais elles manquaient d'armes et de munitions. La retraite continua : le 5 juin Przemysl était repris, Lemberg le 22. A la fin du mois presque toute la Galicie — cette terre slave dont la conquête avait tant réjoui le cœur des Russes—était évacuée.

Sur ces entrefaites les Allemands avaient entrepris une offensive vigoureuse en Pologne et ils avançaient rapidement, malgré la résistance acharnée des Russes. L'heure était grave : tout le front russe était ébranlé et reculait sous le choc des armées austro-allemandes. L'opinion publique était inquiète : on voulait savoir sur qui retombait la responsabilité de ces désastres, on cherchait les coupab'es, on réclamait des sanctions.

L'empereur avait très douloureusement ressenti les événements. Le coup était rude pour lui, d'autant plus qu'il était loin de le prévoir, mais il se raidissait contre l'adversité. Le 25 juin, il destitua le ministre de la guerre, le général Soukhomlinoff qui, par son incurie criminelle, semb'ait bien être responsable de l'impossibilité où l'on s'était trouvé de ravitailler les troupes, et il le remplaça par le général Polivanof. Le 27, il réunit, sous sa présidence, au G. Q. G., un Conseil auquel prirent part tous les ministres. Il fallait stimuler les énergies, mobiliser toutes les forces et toutes les ressources du pays pour la lutte à outrance contre l'ennemi abhorré. La convocation de la Douma fut décidée. La première séance eut lieu le 1er août, jour anniversaire de la déclaration de guerre de l'Allemagne à la Russie. L'attitude ferme et courageuse de l'assemblée contribua à calmer les esprits. Mais tout en conviant le pays entier à coopérer à la défense de la patrie, la Douma demandait que les coupables fussent recherchés et punis. Quelques jours plus tard l'empereur nommait une « commission supérieure d'enquête » pour établir les responsabilités du désastre national.

Pendant ce temps l'offensive allemande en Pologne

avait continué à progresser ; le 5 août, Varsovie était abandonné par les Russes qui se retiraient sur la rive droite de la Vistule. Le 17, Kovno était pris ; l'une après l'autre toutes les forteresses russes tombaient devant la ruée ennemie qu'aucun obstacle ne semblait plus capable d'arrêter. A la fin d'août, tout le gouvernement de Pologne était aux mains des Allemands.

La défaite prenait les proportions d'une catastrophe qui mettait en péril l'existence même de la patrie. Arriverait-on à contenir le flot envahisseur ou allait-on être forcé, comme en 1812, de se replier à l'intérieur du pays, abandonnant le sol russe à l'ennemi ? Tous les sacrifices consentis n'avaient-ils donc servi de rien ?

La campagne souffrait des incessantes levées de troupes et des réquisitions ; l'agriculture manquait de bras et de chevaux. Dans les villes la cherté de la vie augmentait avec le désarroi des chemins de fer et l'afflux des réfugiés. Les propos les plus pessimistes circulaient de bouche en bouche, on parlait de sabotage, de trahison... L'opinion russe si versatile, si portée aux excès dans la joie comme dans la tristesse, s'abandonnait aux plus sombres prévisions.

C'est au moment où la Russie traversait cette crise aiguë que Nicolas II résolut de prendre le commandement en chef de l'armée.

L'impératrice poussait depuis des mois l'empereur à cette détermination, mais il avait toujours résisté à ses instances, car il lui répugnait de relever le grand-duc Nicolas du commandement qu'il lui avait donné. Lorsque la guerre avait éclaté, son premier mouvement avait été de se mettre à la tête de l'armée, mais, cédant aux prières de ses ministres, il avait renoncé à son désir le plus cher. Il l'avait toujours regretté ; et maintenant que les Allemands, après avoir conquis toute la Pologne, s'avançaient sur le sol russe, il lui semblait criminel de rester à l'arrière et de ne pas prendre une part plus active à la défense de son pays.

L'empereur était rentré le 11 juillet du G. Q. G. et il avait passé deux mois à Tsarskoïé-Sélo avant d'arriver à cette décision. Je transcris ici une conversation que j'eus avec lui le 16 juillet, parce qu'elle montre clairement quels étaient alors déjà les sentiments qui l'animaient. Il nous avait rejoints ce jour-là, Alexis Nicolaïévitch et moi, dans le parc, il venait de raconter à l'enfant quelques impressions de son récent voyage à l'armée et, se tournant vers moi, il ajouta :

— Vous ne sauriez vous figurer combien le séjour à l'arrière me pèse. Il semble que tout ici, jusqu'à l'air qu'on respire, détende les énergies et amollisse les caractères. Les bruits les plus pessimistes, les nouvelles les plus invraisemblables trouvent crédit et sont colportés dans tous les milieux. Ici on ne s'occupe que d'intrigues et de cabales, on ne vit que d'intérêts égoïstes et mesquins ; là-bas on se bat et l'on meurt pour la patrie. Au front, un sentiment domine tout : la volonté de vaincre ; le reste est oublié, et malgré les pertes, malgré les revers, on garde confiance... Tout homme capable de porter les armes devrait être à l'armée. Pour moi je ne puis attendre le moment où j'aurai rejoint mes troupes [1] !

L'impératrice sut exploiter ce désir ardent ; elle

1. C'est ce même sentiment qui lui faisait dire après son abdication à un officier de sa suite : « Et penser que maintenant que je ne suis plus empereur, on ne me laissera même pas aller me battre pour mon pays ! » Cette phrase exprimait bien son sentiment intime.

s'appliqua à vaincre les scrupules que certaines considé-
rations pouvaient, d'autre part, inspirer. Elle souhaitait
l'éloignement du grand-duc Nicolas qu'elle accusait
de travailler sous main à ruiner le prestige de l'empereur
et de chercher à provoquer à son profit une révolution
de palais. En outre, sur la foi de renseignements qui lui
étaient fournis par Mme Wyroubova, elle était persuadée
que le G. Q. G. était le centre d'un complot qui avait
pour but de s'emparer d'elle en l'absence de l'empereur,
et de la reléguer dans un couvent. Le tsar avait pleine
confiance dans la loyauté du grand-duc Nicolas, il le
jugeait incapable de tout acte de félonie ; mais il était
porté à admettre sa complicité dans la cabale dirigée
contre l'impératrice. Il ne céda toutefois que lorsque
le sentiment impérieux qui le poussait à se mettre à
la tête de l'armée fut devenu pour sa conscience une
obligation. En s'engageant personnellement dans la
lutte, il tint à montrer que la guerre serait conduite
jusqu'au bout, et à affirmer sa foi inébranlable en la
victoire finale. Il estima que c'était son devoir, dans
cette heure tragique, de payer de sa personne et d'assumer, lui chef de l'État, toutes les responsabilités. Il
voulut aussi, par sa présence au milieu d'elles, rendre
confiance aux troupes dont le moral était ébranlé par
une si longue suite de revers, et qui étaient lasses de
se battre contre un ennemi dont la force principale
consistait dans la supériorité de son armement.

Malgré les derniers reculs, le prestige militaire du
grand-duc Nicolas était considérable en Russie. Pendant toute cette première année de guerre, il avait fait
preuve de fermeté et de décision. Le fait de lui retirer
son commandement au moment d'une défaite paraîs-
sait indiquer qu'on le tenait pour responsable et devait

être interprété comme une sanction aussi injuste pour
ses mérites qu'offensante pour son honneur. L'empereur
s'en rendait compte et ne s'y était décidé qu'à contre-
cœur. Il avait eu tout d'abord l'intention de garder
le grand-duc auprès de lui au G. Q. G., mais cela aurait
créé une situation délicate pour l'ex-généralissime ; il
prit le parti de le nommer lieutenant-général du Caucase et commandant en chef de l'armée opérant contre
la Turquie.

L'empereur fit part à ses ministres de sa résolution
de prendre le commandement en chef de l'armée dans
un Conseil qui eut lieu à Tsarskoïé-Sélo quelques jours
avant son départ pour le G. Q. G. Cette nouvelle pro-
voqua une véritable consternation chez la plupart des
assistants, et ils s'efforcèrent de persuader l'empereur
de renoncer à son projet. Ils lui montrèrent le grave
inconvénient qu'il y aurait pour la bonne marche des
affaires à ce qu'il fût, lui chef de l'État, presque constamment au G. Q. G., à plus de huit cents kilomètres
du siège du gouvernement. Ils alléguèrent ses nombreuses occupations et lui demandèrent de ne pas se
charger de nouvelles et écrasantes responsabilités. Ils
le supplièrent enfin de ne pas se mettre à la tête des
troupes dans un moment aussi critique ; c'était risquer
de s'exposer, en cas d'insuccès, à des attaques qui rui-
neraient son prestige et son autorité. Mais l'empereur
resta inébranlable. Plusieurs personnes de son entourage
firent auprès de lui de nouvelles tentatives qui échouè-
rent également, et le 4 septembre au soir il partit pour
Mohilef où se trouvait alors le G. Q. G. Le lendemain
il signait le *prikase* par lequel il annonçait aux troupes
qu'il assumait le commandement en chef et il ajoutait,
au bas, de sa propre main : « :.. avec une foi absolue en

la bonté de Dieu et une confiance inaltérable en la victoire finale, nous accomplirons notre devoir sacré en défendant jusqu'au bout notre Patrie et nous ne laisserons pas outrager le sol de la Russie. »

C'était réitérer le serment qu'il avait fait au début de la guerre et engager sa couronne dans la mêlée.

En France et en Angleterre, cette nouvelle causa une surprise qui n'était pas exempte d'une certaine appréhension, mais on vit dans cet acte un gage qui liait irrévocablement l'empire russe, en la personne de son souverain, au sort de l'Entente, et cela au moment où une série de défaites auraient pu faire craindre l'apparition de tendances séparatistes. Tous les grands journaux des pays alliés soulignèrent l'importance de cette décision. Elle allait avoir, espérait-on, une répercussion considérable sur le moral de l'armée russe et contribuer à l'obtention de la victoire finale. En Russie, toute la presse entonna un chant de triomphe, mais, en réalité, les avis sur l'opportunité de ce changement de commandement furent au début assez partagés. A l'armée, la présence de l'empereur contribua, nous le verrons, à relever le courage des soldats et donna aux troupes un nouvel élan.

L'histoire établira un jour quelles furent les conséquences politiques et militaires de cette mesure qui, de la part de l'empereur, fut un acte de courage et de foi.

Comme je l'avais craint, hélas ! l'indifférence qu'on avait paru témoigner à Raspoutine durant l'hiver précédent n'avait été que momentanée et fut suivie, au moment des désastres de mai, d'une recrudescence de son influence qui ne fit qu'augmenter par la suite. Ce revirement s'explique aisément. Au début de la guerre, l'empereur et l'impératrice, tout pénétrés de la grandeur de leur devoir, avaient vécu des heures exaltées par l'amour qu'ils portaient à leur peuple, et qu'ils sentaient, en retour, monter de leur peuple jusqu'à eux. Cette fervente communion les avait remplis d'espoir ; ils avaient eu le sentiment d'être vraiment le centre de ce grand mouvement national qui soulevait la Russie tout entière. Les événements militaires des mois qui suivirent n'avaient pas ébranlé leur courage ; il avaient gardé pleine et intacte leur foi en cette offensive du printemps qui devait amener le succès définitif des armes russes.

Aussi, lorsque se produisit la grande catastrophe, connurent-ils des jours d'indicible angoisse. Et l'impératrice, dans sa souffrance, devait être irrésistiblement poussée à chercher un appui moral auprès de celui en qui elle voyait alors déjà, non seulement le sauveur de son fils, mais aussi le représentant du peuple, envoyé par Dieu pour sauver la Russie et son tsar.

Ce n'est pas, comme on l'a dit, par ambition personnelle ou par soif de pouvoir, que l'impératrice avait commencé à s'occuper de politique. Le mobile qui l'y poussa était d'ordre tout sentimental. Elle adorait son mari comme elle idolâtrait ses enfants, et son besoin de se dévouer à ceux qu'elle aimait était infini. Son seul désir était d'être utile à l'empereur dans sa lourde tâche et de l'aider de ses conseils.

Convaincue que l'autocratie était le seul régime qui convînt à la Russie, l'impératrice estimait que de larges concessions libérales étaient prématurées. A son avis, seul un tsar en la personne duquel le pouvoir resterait centralisé était capable de galvaniser la masse inculte

du peuple russe. Elle était persuadée que pour le *moujik*
l'empereur était la représentation symbolique de l'unité,
de la grandeur et de la gloire de la Russie, le chef de
l'empire et l'oint du Seigneur. Toucher à ses prérogatives, c'était attenter à la foi du paysan russe, c'était
risquer de précipiter le pays dans les pires catastrophes.
Le tsar ne devait pas seulement régner, il devait gouverner l'État d'une main ferme et puissante.

L'impératrice apporta au nouveau devoir qu'elle
s'imposait le même dévouement, la même vaillance,
mais aussi, hélas ! le même aveuglement qu'elle avait
manifestés dans sa lutte pour la vie de son enfant. Elle
fut conséquente dans son aberration. Persuadée, comme
je l'ai dit plus haut, que la dynastie ne pouvait trouver
d'appui que dans le peuple et que Raspoutine était
l'élu de Dieu, — n'avait-elle pas éprouvé l'efficacité
de ses prières pendant la maladie de son fils ? — elle
crut, dans sa confiance absolue, que cet humble paysan
devait apporter le secours de ses lumières surnaturelles
à celui qui tenait entre ses mains les destinées de l'empire des tsars. Fin et rusé comme il l'était, Raspoutine
ne s'aventura qu'avec une extrême prudence à donner
des conseils politiques. Il eut toujours soin de se faire
très exactement renseigner sur tout ce qui se passait
à la cour et sur les sentiments intimes des souverains.
Ses paroles prophétiques ne venaient donc, le plus
souvent, que confirmer les vœux secrets de l'impératrice. De fait, sans s'en douter, c'était elle qui inspirait
« l'inspiré », mais ses propres désirs en passant par
Raspoutine prenaient à ses yeux la force et l'autorité
d'une révélation.

Avant la guerre, l'influence politique de l'impératrice
ne s'exerça que de façon très intermittente ; son action

se borna surtout à provoquer l'éloignement de ceux qui s'étaient déclarés contre le *staretz*. Dans les premiers mois qui suivirent l'ouverture des hostilités, la situation ne se modifia guère, mais à partir des grands revers du printemps 1915, et surtout après que l'empereur eut assumé le commandement en chef des armées, l'impératrice, pour venir en aide à son époux qu'elle sentait toujours plus accablé sous le poids d'une responsabilité croissante, prit une part toujours plus grande aux affaires de l'État. Épuisée, comme elle l'était, elle n'aspirait qu'au repos ; mais elle sacrifia sa quiétude personnelle à ce qu'elle crut être une obligation sacrée.

Très réservée, et cependant très spontanée, épouse et mère avant tout, l'impératrice ne se trouvait heureuse qu'au milieu des siens. Instruite et artiste, elle aimait la lecture et les arts. Elle se complaisait à la méditation et s'absorbait souvent dans une vie intérieure très intense, dont elle ne sortait que lorsque le danger apparaissait, fonçant alors sur l'obstacle avec une ardeur passionnée. Elle était douée des plus belles qualités morales, et fut toujours guidée par les plus nobles inspirations. Mais la souffrance l'avait brisée, elle n'était plus que l'ombre d'elle-même et il lui arrivait souvent d'avoir des périodes d'extase mystique, qui lui faisaient perdre la notion exacte des choses et des gens. Sa foi en la sainteté de Raspoutine le prouve surabondamment.

Et c'est ainsi que, voulant sauver son mari et l'enfant qu'elle aimait plus que tout au monde, elle forgea de ses propres mains l'instrument de leur perte.

CHAPITRE XII

NICOLAS II GÉNÉRALISSIME.
ARRIVÉE DU TSARÉVITCH AU G. Q. G..
VISITES AU FRONT.

(Septembre à Décembre 1915)

Le grand-duc Nicolas quitta le G. Q. G. le 7 septembre, c'est-à-dire deux jours après l'arrivée de l'empereur. Il partit pour le Caucase, emmenant avec lui
le général Yanouchkévitch qui avait été remplacé, peu
de temps auparavant, comme premier quartier-maître
général des armées russes, par le général Alexéief. Cette
nomination avait été très bien accueillie dans les milieux
militaires qui fondaient le plus grand espoir sur ce
général. C'était lui, en effet, qui avait conçu le plan
des opérations de l'automne 1914 en Galicie et il venait
de donner, en qualité de commandant en chef du front
nord-ouest, de nouvelles preuves de son talent militaire. La tâche qui lui incombait était écrasante, car,
par suite de l'avance irrésistible des Allemands, l'armée
russe se trouvait dans une position très critique et les
décisions qu'il fallait prendre étaient d'une exceptionnelle gravité. Dès le début, l'empereur lui laissa la
direction absolue des opérations, se contentant de le
couvrir de son autorité et d'endosser la responsabilité
de ses initiatives.

Peu de jours après que Nicolas II eut assumé le commandement suprême, la situation s'aggrava subitement. Les Allemands, qui avaient massé de grandes forces au nord-ouest de Vilna, avaient réussi à percer le front russe, et leur cavalerie opérait sur les derrières de l'armée, menaçant ses communications. Le 18 septembre, on semblait être à la veille d'un grand désastre. Cependant, grâce à l'habileté des dispositions qui furent prises et à l'endurance et l'héroïsme des troupes, le danger put être écarté. Ce fut là le dernier effort des Allemands qui étaient eux-mêmes à bout de souffle. Dès les premiers jours d'octobre, les Russes remportaient à leur tour un succès sur les Autrichiens, et peu à peu l'immense front se stabilisait et l'on s'enterrait de part et d'autre.

C'était la fin de la longue retraite qui avait commencé au mois de mai. Malgré tout, les Allemands n'avaient pas obtenu de résultat décisif ; l'armée russe avait abandonné un terrain considérable, mais elle avait échappé partout à l'étreinte de l'ennemi.

L'empereur rentra le 6 octobre pour quelques jours à Tsarskoïé-Sélo et il fut décidé qu'Alexis Nicolaïévitch repartirait avec lui pour le G. Q. G., car il avait le plus grand désir de faire voir aux troupes le grand-duc héritier. L'impératrice se soumit à cette nécessité ; elle comprenait combien l'empereur souffrait de son isolement : à l'une des heures les plus accablantes de son existence, il était privé de sa plus grande joie, de sa famille. Elle savait quel réconfort il puiserait dans la présence de son fils. Mais son cœur saignait à la pensée du départ d'Alexis Nicolaïévitch ; c'était la première fois qu'elle se séparait de lui et l'on peut s'imaginer quel sacrifice, s'imposait cette mère qui ne quittait jamais son enfant, ne fût-ce que pour quelques minutes, sans se demander avec angoisse si elle le retrouverait vivant.

Nous partîmes le 14 octobre pour Mohilef ; l'impératrice et les grandes-duchesses vinrent nous accompagner à la gare. Au moment où je prenais congé d'elle, Sa Majesté me demanda de lui écrire chaque jour pour lui donner des nouvelles d'Alexis Nicolaïévitch. Je lui promis de me conformer scrupuleusement à son désir pendant toute la durée de notre absence.

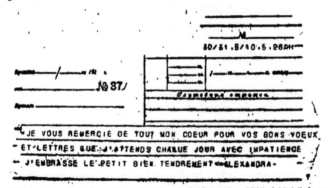

Télégramme envoyé par l'Impératrice, le 5/18 octobre 1915, à Mohilef, en réponse à une lettre dans laquelle je lui avais adressé mes félicitations et souhaits à l'occasion du jour de fête du grand-duc héritier.

Le lendemain nous nous arrêtions à Riegitza, où l'empereur voulait passer en revue les troupes qui avaient été retirées du front et qui étaient cantonnées dans les environs. Tous ces régiments avaient pris part à la dure campagne de Galicie et des Carpathes, et leur effectif avait été presque entièrement renouvelé à deux ou trois reprises. Mais, malgré les pertes terribles qu'ils avaient subies, ils défilèrent devant l'empereur avec

un élan admirable. Il est vrai qu'ils étaient au repos,
depuis quelques semaines et qu'ils avaient eu le temps
de se remettre de leurs fatigues et de leurs privations.
C'était la première fois que le tsar passait en revue ses
troupes depuis qu'il en avait pris le commandement ;
elles voyaient donc en sa personne à la fois leur empereur et leur généralissime. Après la cérémonie, il s'approcha des soldats et s'entretint familièrement avec
plusieurs d'entre eux, les questionnant sur les durs
combats auxquels ils avaient pris part. Alexis Nicolaïévitch suivait son père, pas à pas, écoutant avec un
intérêt passionné les récits de ces hommes qui tant de
fois avaient vu de près la mort. Sa figure, expressive
et mobile d'habitude, était tendue dans l'effort qu'il
faisait pour ne pas perdre un seul mot de ce qu'ils racon-
taient. Sa présence aux côtés de l'empereur excitait
l'intérêt des soldats et, lorsqu'il s'était éloigné, on les
entendait échanger à voix basse leurs réflexions sur son
âge, sa taille, son expression. Mais ce qui les frappait le
plus, c'était de voir que le tsarévitch portait un simple
uniforme de soldat, qui ne se distinguait en rien de
celui d'un enfant de troupe.

Nous arrivâmes le 16 octobre à Mohilef, petite ville
de la Russie blanche, d'aspect très provincial, où le
grand-duc Nicolas avait transporté le G. Q. G. deux
mois auparavant, au moment de la grande offensive
allemande. L'empereur habitait la maison du gouverneur, construite sur la falaise qui domine la rive gauche
du Dniepr. Il y occupait au premier étage deux pièces
d'assez grande dimension, dont l'une lui servait de
cabinet de travail et l'autre de chambre à coucher. Il
avait décidé que son fils partagerait ses appartements.
On dressa donc le lit de camp d'Alexis Nicolaïévitch

à côté de celui de son père. Quant à moi, on me logea, ainsi qu'une partie de la suite militaire du tsar, dans le bâtiment du tribunal de district qui avait été désaffecté pour les besoins du G. Q. G.

Notre vie s'organisa de la façon suivante. L'empereur se rendait tous les matins à neuf heures et demie à l'État-major; il y restait en général jusque vers une heure et je profitais de son absence pour travailler avec Alexis Nicolaïévitch dans son cabinet où, vu le manque de place, nous avions été obligés de nous installer. Le déjeuner avait lieu ensuite dans la grande salle de la maison du gouverneur. Il réunissait chaque jour une trentaine de convives parmi lesquels figuraient le général Alexéief, ses principaux collaborateurs, les chefs de toutes les missions militaires alliées, la suite, et quelques officiers de passage à Mohilef. Après le déjeuner, l'empereur expédiait les affaires urgentes, après quoi, vers trois heures, nous sortions en automobile. Arrivés à une certaine distance de la ville, nous nous arrêtions et faisions à pied une promenade d'une heure dans les environs. Un de nos buts préférés était le joli bois de pins qui entoure le petit village de Salta-novka, où eut lieu, le 29 juillet 1812, une rencontre entre l'armée du maréchal Davout et les troupes du général Raïevsky [1]. Une chapelle commémorative élevée au bord d'un étang, non loin d'un vieux moulin, marque l'endroit qui fut le centre de la résistance des Russes.

Au retour l'empereur se remettait au travail, tandis qu'Alexis Nicolaïévitch préparait dans le cabinet de

1. L'armée française, dans sa marche sur Moscou, occupa le 19 juillet Mohilef, et le maréchal Davout habita pendant quelques jours cette même maison du gouverneur où l'empereur s'était installé avec Alexis Nicolaïévitch.

son père ses devoirs pour le lendemain. Un jour que j'y étais avec lui, selon mon habitude, l'empereur, se tournant vers moi, la plume à la main, m'interrompit dans ma lecture en me disant brusquement :

— Si quelqu'un m'avait dit que je signerais un jour une déclaration de guerre à la Bulgarie, je l'aurais traité d'insensé... Et pourtant ce jour est arrivé. Mais je signe à contre-cœur, car j'ai la conviction que le peuple bulgare a été trompé par son roi et par les partisans de l'Autriche, et que, dans sa majorité, il est resté attaché à la Russie. Le sentiment de race se réveillera bientôt en lui et il comprendra son erreur, mais ce sera trop tard.

Cet épisode montre bien quelle était la simplicité de notre vie au G. Q. G. et l'intimité qu'avaient créée les circonstances extraordinaires dans lesquelles je me trouvais.

L'empereur désirant visiter les troupes avec le grand-duc héritier, nous partîmes le 24 octobre pour l'armée. Le lendemain matin nous arrivions à Berditchef, où le général Ivanof, commandant en chef du front sud-ouest, prit place dans notre train. Quelques heures plus tard nous étions à Rovno. C'est dans cette ville que le général Broussilof avait établi son État-major et nous devions nous rendre avec lui sur les lieux où les troupes avaient été rassemblées. Nous montâmes aussitôt en automobile, car la distance à parcourir était de plus de vingt kilomètres. Au sortir de la ville, une escadrille d'aéroplanes nous rejoignit et nous escorta jusqu'au moment où nous aperçûmes les longues lignes grises des unités massées derrière une forêt. Un instant plus tard nous étions arrivés. L'empereur parcourut à pied avec le tsarévitch tout le front des troupes, puis les unités défilèrent les unes après les autres devant lui. Il fit ensuite sortir des rangs les officiers et les soldats désignés pour des récompenses et leur remit la croix de Saint-Georges.

Quand la cérémonie prit fin, la nuit était tombée. Au retour, l'empereur, ayant appris du général Ivanof qu'un poste de pansement se trouvait à peu de distance, décida de s'y rendre sur l'heure. Nous nous engageâmes dans une forêt épaisse et bientôt après nous apercevions un petit bâtiment faiblement éclairé par la lueur rouge des torches. L'empereur, suivi d'Alexis Nicolaïévitch, pénétra dans la maison et s'approcha de tous les blessés qu'il questionna avec bonté. Son arrivée inopinée à une heure aussi tardive, dans un endroit si rapproché du front, causait un étonnement qui se peignait sur tous les visages. Un soldat qu'on venait de recoucher sur son lit, après le pansement, regardait fixement l'empereur et, quand ce dernier se pencha sur lui, il souleva sa seule main valide pour tâter ses vêtements et se persuader que c'était bien le tsar qui était devant lui et non une apparition. Alexis Nicolaïévitch se tenait un peu en arrière de son père, profondément ému par les gémissements qu'il entendait et les souffrances qu'il devinait autour de lui.

Nous regagnâmes notre train qui partit aussitôt pour le sud. Le lendemain nous nous réveillâmes en Galicie ; nous avions franchi pendant la nuit l'ancienne frontière autrichienne. L'empereur tenait à venir féliciter les troupes qui, grâce à des prodiges de valeur et en dépit du manque d'armes et de munitions, étaient parvenues à se maintenir en territoire ennemi. Nous quittâmes la voie ferrée à Bogdanovka, et nous nous

élevâmes peu à peu jusqu'au plateau sur lequel on avait
réuni des détachements de tous les régiments de l'armée
du général Chtcherbatchef. La cérémonie terminée,
l'empereur, refusant d'écouter les représentations de
son entourage, visita à cinq kilomètres des premières
tranchées, et dans un endroit que pouvait atteindre le
feu de l'artillerie ennemie, le régiment Pétchersky.
Nous rejoignîmes ensuite les automobiles que nous
avions laissées dans la forêt, et nous nous dirigeâmes
vers l'armée du général Létchitzky qui se trouvait à
cinquante kilomètres de là. Au retour nous fûmes surpris par la nuit ; un brouillard épais recouvrait la campagne, nous nous égarâmes et, à deux reprises, il fallut
rebrousser chemin. Enfin, après de nombreuses péripéties, nous pûmes rejoindre la voie ferrée, mais nous
nous trouvions à vingt-cinq kilomètres de l'endroit où
nous attendait notre train !... Deux heures plus tard
nous partions pour le G. Q. G.

L'empereur emportait de son inspection la meilleure
impression, c'était la première fois qu'il avait pris
contact aussi intimement avec les troupes et il était
heureux d'avoir pu constater par lui-même, presque
sur la ligne de feu, le bon état des régiments et l'excel-
lent esprit qui les animait.

Nous rentrâmes à Mohilef le 27 octobre au soir,
et le lendemain matin Sa Majesté et les grandes-duchesses arrivaient à leur tour au G. Q. G. L'impératrice
et ses filles s'étaient arrêtées pendant leur voyage dans
plusieurs villes des gouvernements de Tver, Pskof et
Mohilef, pour y visiter les hôpitaux militaires. Elles
restèrent trois jours avec nous à Mohilef, puis toute la
famille repartit pour Tsarskoïé-Sélo, où l'empereur
devait passer quelques jours.

Je me suis longuement étendu dans les pages qui précèdent sur le premier voyage que l'empereur entreprit avec le grand-duc héritier. Pour éviter de fastidieuses redites je me bornerai, dans la suite de mon récit, à quelques indications sommaires sur les visites que nous fîmes à l'armée pendant le mois de novembre.

Nous quittâmes Tsarskoïé-Sélo le 9 novembre ; le 10 nous étions à Réval où le tsar visita une flottille de sous-marins qui venait de rentrer. Les bateaux étaient couverts d'une épaisse couche de glace qui leur faisait une carapace étincelante. Il y avait là aussi deux submersibles anglais qui, au prix d'immenses difficultés, avaient pénétré dans la Baltique et avaient déjà réussi à couler un certain nombre de bâtiments allemands. L'empereur remit la croix de Saint-Georges aux officiers qui les commandaient.

Le lendemain, à Riga, qui formait comme un bastion avancé dans les lignes allemandes, nous passâmes quelques heures au milieu des admirables régiments de tirailleurs sibériens, qui comptaient parmi les plus vaillantes troupes de l'armée russe. Ils défilèrent d'une allure superbe devant l'empereur, répondant à son salut par la phrase traditionnelle : « Heureux de servir Votre Majesté impériale », suivie d'acclamations frénétiques.

Quelques jours plus tard nous étions à Tiraspol, petite ville à cent kilomètres au nord-ouest d'Odessa, où l'empereur passa en revue des unités de l'armée du général Chtcherbatchef. L'inspection terminée, le tsar, voulant se rendre compte par lui-même des pertes subies par les troupes, ordonna aux commandants des régiments de faire lever la main à ceux de leurs hommes qui se trouvaient dans les rangs depuis le début de la campagne. L'ordre fut donné et c'est à peine si quelques mains s'agitèrent au-dessus de ces milliers de têtes : il y eut des compagnies entières où rien ne remua... Cet incident fit une très profonde impression sur Alexis Nicolaïévitch ; c'était la première fois que la réalité lui faisait sentir d'une façon aussi directe toute l'horreur de la guerre.

Le lendemain, 22 novembre, nous nous rendîmes à Réni, petite ville sur le Danube à la frontière de la Roumanie. Il s'y trouvait de grands approvisionnements, car elle servait de base aux bateaux qui cherchaient à ravitailler en vivres, armes et munitions la malheureuse Serbie que la trahison bulgare venait de livrer à l'invasion austro-allemande.

Le jour suivant, près de Balta, en Podolie, l'empereur inspectait la fameuse division de cavalerie caucasienne dont les régiments s'étaient de nouveau couverts de gloire au cours de cette campagne. Il y avait là, entre autres, des cosaques du Kouban et du Térek, haut perchés sur leur selle, avec leurs grands bonnets à poils qui leur donnaient un aspect farouche, et leurs longues piques effilées. Comme nous prenions le chemin du retour, cette masse de cavalerie s'ébranla tout à coup, déferla des deux côtés de la route, s'élança au galop, escaladant les coteaux, dévalant les pentes des ravins, franchissant les obstacles, et nous escorta jusqu'à la gare en une ruée formidable où hommes et bêtes s'entrechoquaient et roulaient pêle-mêle sur le sol, et que dominait la clameur rauque des montagnards caucasiens. Spectacle à la fois grandiose et terrible, où se révélaient tous les instincts sauvages de cette race primitive.

Nous ne rentrâmes que le 26 novembre au G. Q. G.

9

après avoir parcouru presque tout l'immense front
russe, de la mer Baltique à la mer Noire.

Vers le 10 décembre, nous apprîmes que l'empereur
avait l'intention d'aller visiter les régiments de la garde
qui étaient alors rassemblés à la frontière de la Galicie.
Le matin de notre départ, jeudi 16 décembre, Alexis
Nicolaïévitch, qui avait pris froid la veille et souffrait
d'un gros rhume de cerveau, se mit à saigner du nez à
la suite d'un violent éternuement. Je fis appeler le
professeur Fiodrof[1], mais il ne put parvenir à arrêter
complètement l'hémorragie. Nous nous mîmes en route,
malgré ce contretemps, car tout avait été préparé
pour l'arrivée de l'empereur. Pendant la nuit le mal
empira; la température avait monté et le malade
s'affaiblissait. A trois heures du matin le professeur
Fiodrof, effrayé de la responsabilité qui pesait sur lui,
se décida à faire réveiller l'empereur et à lui demander
de rebrousser chemin jusqu'à Mohilef où il pourrait
soigner l'enfant dans de meilleures conditions.

Le lendemain nous étions de retour au G. Q. G., mais
l'état du tsarévitch était devenu si inquiétant qu'on
décida de le ramener à Tsarskoïé-Sélo. L'empereur se
rendit toutefois à l'État-major où il passa deux heures
avec le général Alexéief, puis il vint nous rejoindre et
nous nous mîmes immédiatement en route. Le retour à
Tsarskoïé-Sélo fut particulièrement angoissant, car les
forces du malade déclinaient rapidement. Il fallut plu-

1. Le professeur Fiodrof accompagnait l'empereur dans tous ses
déplacements, depuis que ce dernier avait pris le commandement en
chef des armées. Les Drs Botkine et Dérévenko étaient restés à Tsarskoïé-
Sélo.

sieurs fois faire arrêter le train pour pouvoir renouveler les tampons. Dans la nuit, à deux reprises, Alexis Nicolaïévitch — que Nagorny, son matelot, soutenait dans son lit — on ne pouvait en effet le laisser complètement étendu — fut pris de syncope et je crus que c'était la fin. Vers le matin, cependant, une légère amélioration se produisit et l'hémorragie diminua. Nous arrivâmes enfin à Tsarskoïé-Sélo ; il était onze heures du matin. L'impératrice, en proie à une mortelle angoisse, nous attendait avec les grandes-duchesses sur le quai de la gare. Avec d'infinies précautions, on transporta le malade jusqu'au palais. On parvint enfin à cautériser la plaie qui s'était formée à l'endroit où un petit vaisseau sanguin s'était rompu. L'impératrice n'en attribua pas moins aux prières de Raspoutine l'amélioration qui s'était produite, le matin, dans l'état du tsarévitch et elle resta persuadée que l'enfant avait été sauvé grâce à son intervention.

L'empereur resta quelques jours avec nous, mais il avait hâte de repartir, car il voulait profiter du calme relatif qui régnait dans tous les secteurs, pour visiter les troupes et prendre contact avec elles aussi intimement que possible. Ses voyages au front avaient admirablement réussi. Sa présence avait suscité partout le plus grand enthousiasme, non seulement parmi les soldats, mais aussi parmi les paysans qui, à chaque arrêt de son train, accouraient en foule des environs pour tâcher de voir leur souverain. L'empereur était persuadé que ses efforts devaient tendre avant tout à ranimer dans le peuple et dans l'armée le sentiment patriotique et l'attachement à sa personne. Les heures qu'il venait de vivre lui faisaient croire qu'il y était

parvenu et ceux qui l'accompagnaient le crurent comme
lui. Était-ce une illusion ? Il faudrait bien mal connaître
le peuple russe et ignorer totalement combien le sentiment monarchique était profondément enraciné chez
le *moujik*, pour ne pas admettre que c'était la réalité.

CHAPITRE XIII

L'EMPEREUR A LA DOUMA. – CAMPAGNE DE GALICIE
NOTRE VIE AU G. Q. G.
MÉCONTENTEMENT GRANDISSANT A L'ARRIÈRE

(1916)

L'empereur était reparti tout seul le 25 décembre pour le G. Q. G. et, trois jours plus tard, il avait passé en revue à la frontière de Galicie les divisions de la garde qu'on y avait concentrées en vue d'une offensive prochaine. L'absence d'Alexis Nicolaïévitch lui avait causé un réel chagrin, car il s'était fait d'avance une joie de le présenter à sa garde. Il était ensuite rentré à Mohilef.

Vers la fin de l'année 1915 la situation militaire de la Russie s'était beaucoup améliorée. L'armée avait mis à profit les mois qui avaient suivi l'arrêt de la grande offensive allemande — fin septembre 1915 — et, grâce aux immenses réserves dont disposait le pays, elle avait pu facilement compenser les lourdes pertes subies par elle au cours de la retraite. Une fois encore les Allemands se voyaient frustrés des grands avantages qu'ils avaient escomptés et que les brillants succès du début de la campagne avaient semblé devoir leur assurer. Ils doutaient de plus en plus de venir à bout par les armes de la résistance opiniâtre que leur opposaient les Russes et, par une propagande habile et des intrigues savantes, ils cherchaient à provoquer à l'intérieur de la Russie des troubles qui hâteraient, espéraient-ils, la solution si ardemment désirée. Mais ils rencontraient en la personne de l'empereur un obstacle insurmontable à la réalisation de leurs desseins ; cet obstacle, il fallait l'écarter.

En prenant le commandement des troupes, en risquant sa couronne dans la mêlée, le tsar avait définitivement enlevé à ses ennemis tout espoir d'accommodement. On comprenait maintenant à Berlin que Nicolas II resterait fidèle jusqu'au bout à ses alliés, et que toute tentative de rapprochement viendrait se briser contre sa volonté inébranlable de continuer la guerre à tout prix. On savait, de plus, que le tsar était le seul lien qui unissait les différentes parties de l'empire et que, lui tombé, aucun pouvoir organisé ne serait capable d'en empêcher le démembrement et de conjurer l'anarchie. Tous les efforts du G. Q. G. allemand tendaient donc à ruiner le prestige de la monarchie et à provoquer la chute de l'empereur. Pour atteindre ce but, il fallait avant tout compromettre le tsar aux yeux de son peuple et de ses alliés. L'Allemagne disposait en Russie de puissants moyens d'action et d'information, et elle mit tout en œuvre pour accréditer l'idée que l'empereur était disposé à saboter la guerre et à conclure une paix séparée. Le tsar décida de couper court à ces intrigues et de définir nettement ses intentions. Le 2 janvier, à Zamirié où il inspectait les régiments de l'armée du général Kouropatkine, il termina sa harangue aux troupes par cette déclaration solennelle :

... Vous pouvez être bien tranquilles : comme je l'ai déclaré au début de la guerre, je ne conclurai pas la paix tant que nous n'aurons pas chassé au delà de nos frontières le dernier ennemi, et je ne la conclurai qu'en parfait accord avec nos Alliés auxquels nous ne sommes pas liés par des traités seulement, mais par une amitié sincère et par le sang !

Nicolas II confirmait ainsi, au milieu de ses troupes, l'engagement solennel pris le 2 août 1914 et renouvelé lorsqu'il avait assumé le commandement en chef des armées russes. Le gouvernement, désirant donner la plus grande publicité possible au discours de l'empereur, le fit imprimer, et distribuer aux régiments et dans les campagnes.

Le tsar continua ses visites au front et au G. Q. G. pendant les mois de janvier et de février, — c'est à Mohilef qu'il passa les fêtes du Nouvel an russe, — et il rentra à Tsarskoïé-Sélo le 21 février, veille de la réouverture de la Douma. Cinq jours auparavant, la nouvelle de la prise de la forteresse d'Erzeroum, qui pendant si longtemps avait été le centre de résistance de l'armée turque, était venue réjouir le cœur de tous les Russes. C'était là, en effet, un beau succès, et l'offensive de l'armée du Caucase continuait à progresser rapidement. Le lendemain de son arrivée, le tsar, comme il en avait manifesté l'intention, se rendit, avec son frère le grand-duc Michel, au palais de Tauride où la Douma devait reprendre ce jour-là ses travaux. C'était la première fois que les représentants du peuple recevaient la visite de leur souverain, et les milieux politiques attribuaient une grande importance à cet événement désormais historique. Il témoignait du désir sincère de l'empereur de rechercher une collaboration plus intime avec la représentation nationale, et on lui en savait d'autant plus de gré que la confiance dans le gouvernement avait été ébranlée à la suite des revers

subis par l'armée et des accusations écrasantes formu-
lées contre l'ancien ministre de la guerre, le général
Soukhomlinof.

Le tsar fut reçu à son arrivée au palais de Tauride
par M. Rodzianko, président de la Douma, qui le conduisit dans la salle Catherine, où il assista à un *Te
Deum* célébré à l'occasion de la prise d'Erzeroum. Se
tournant ensuite vers les députés, l'empereur leur exprima toute la joie qu'il éprouvait à se trouver au
milieu d'eux et sa conviction absolue de les voir, à l'heure
tragique que traversait la Russie, unir tous leurs efforts
et travailler en parfait accord pour le bien de la patrie.
Une ovation formidable répondit à ses paroles. L'empereur se retira après avoir visité les salles et les bureaux
du palais de Tauride. Une demi-heure plus tard, le
président ouvrant la séance de la Douma terminait
son discours par ces paroles :

... L'union directe du tsar et de son peuple, ce bienfait
inestimable et indispensable à la prospérité de l'empire
russe, est dès maintenant resserrée par un lien encore plus
puissant. Cette heureuse nouvelle remplira de joie tous les
cœurs, jusqu'aux coins les plus reculés de la terre russe et
animera d'un nouveau courage nos glorieux soldats, défen-
seurs de la patrie.

Il semblait, dans cette mémorable journée, que tous,
souverain, ministres et représentants de la nation
n'avaient qu'une pensée : Vaincre à tout prix !

Le même soir l'empereur se rendit au Conseil d'État
qui reprenait également ses travaux ce jour-là, puis il
rentra à Tsarskoïé-Sélo d'où il repartit le lendemain
pour le G. Q. G. C'était l'époque de la grande ruée
sur Verdun et il fallait que la Russie intervînt sans
retard pour attirer sur elle une partie plus considérable

des forces allemandes. L'offensive fut décidée ; elle se déclencha vers le 15 mars dans les secteurs de Dvinsk et de Vilna, et fut tout d'abord couronnée de succès. Mais les Russes progressaient lentement, car les Allemands leur opposaient une résistance acharnée. En outre, les conditions du terrain étaient extrêmement défavorables. C'était l'époque du dégel, les chemins étaient presque impraticables et les hommes avançaient dans la boue et les marécages. Dès le commencement d'avril, l'attaque russe faiblissait, pour cesser bientôt complètement. Cependant la diversion avait porté ses fruits et les Allemands s'étaient vus obligés d'amener des renforts considérables dans les secteurs menacés.

Alexis Nicolaïévitch était resté très affaibli à la suite de l'abondante hémorragie qui, en décembre, avait mis ses jours en si grand danger. Il n'avait repris complètement ses forces qu'en février, mais l'impératrice, instruite par l'expérience, avait résolu de le garder à Tsarskoïé-Sélo jusqu'au retour de la belle saison [1]. J'étais loin de me plaindre de cette décision, car, malgré tous mes efforts, l'instruction du tsarévitch pâtissait de nos longs voyages au front.

Nous ne repartîmes que le 17 mai pour le G. Q. G.

---

1. Je tiens à noter ici un petit incident qui se passa au début du printemps, lors d'un des séjours que l'empereur fit à Tsarskoïé-Sélo entre ses visites au front. Il montre bien la nature des sentiments que le tsar nourrissait à l'égard de l'Allemagne et qu'il cherchait à inculquer à son fils. Le tsarévitch jouait ce jour-là dans le parc où se trouvaient également l'empereur et les grandes-duchesses. Il se glissa derrière la plus jeune, sans qu'elle s'en aperçût, et lui lança à bout portant une grosse boule de neige dans le dos. Son père, qui avait assisté de loin à cette scène, l'appela auprès de lui et le réprimanda sévèrement : « Honte à toi, Alexis ! Tu t'es conduit comme un Allemand ; attaquer par derrière quelqu'un qui ne se défend pas, c'est vil, c'est lâche, laisse cela aux Allemands ! »

où l'empereur devait faire un séjour prolongé, sans
rentrer à Tsarskoïé-Sélo. Quinze jours après notre
arrivée, — le 4 juin, — la grande offensive du général
Broussilof débutait en Galicie. Elle réussit brillamment
et les succès s'accentuèrent encore les jours suivants.
Le front autrichien cédait sous la pression de l'armée
russe et reculait dans la direction de Lemberg. Le
nombre des prisonniers était considérable et la situation
des Autrichiens dans le secteur de Loutzk était très
critique. La nouvelle de cette belle victoire fut reçue
avec enthousiasme au G. Q. G. Ce devait être la dernière grande joie de l'empereur.

Depuis notre retour au G. Q. G. notre vie s'était
ordonnée à peu près de la même manière qu'au cours
de nos séjours précédents. Je ne donnais toutefois plus
mes leçons à Alexis Nicolaïévitch dans le cabinet de
travail de son père, mais dans une petite véranda que
nous avions transformée en salle d'étude, eu dans une
grande tente dressée dans le jardin et qui servait de
salle à manger. C'est là que l'empereur prenait ses
repas, depuis qu'il faisait chaud. Nous profitions des
belles journées d'été pour faire de jolies promenades
sur le Dniepr; nous nous servions d'un petit yacht
qui avait été mis à notre disposition par le ministère
des Voies et Communications.

L'impératrice et les grandes-duchesses faisaient de
temps en temps de courtes visites au G. Q. G. Elles
logeaient dans leur train, assistaient au déjeuner de
l'empereur et prenaient part à nos promenades. Le
tsar, en échange, dînait chez l'impératrice et, quand il
le pouvait, passait une partie de la soirée avec les siens.
Les grandes-duchesses appréciaient fort ces visites à
Mohilef, — toujours trop brèves à leur gré, — qui

venaient apporter un petit changement à leur vie
monotone et austère. Elles y jouissaient de beaucoup
plus de liberté qu'à Tsarskoïé-Sélo. La gare de Mohilef,
comme c'est fréquemment le cas en Russie, était très
éloignée de la ville et se trouvait presque en pleine campagne. Les grandes-duchesses profitaient de leurs loisirs pour rendre visite aux paysans des environs ou à
des familles de cheminots. Leur simplicité et leur bonté
spontanée leur gagnaient tous les cœurs et, comme
elles adoraient les enfants, on les voyait toujours entou-
rées d'une bande de marmots récoltés dans leurs promenades et qu'elles bourraient de bonbons.

Malheureusement la vie à Mohilef apportait un
sérieux retard aux études d'Alexis Nicolaïévitch; en
outre, elle était nuisible à sa santé. Il y recevait des
impressions trop nombreuses et trop violentes pour
une nature aussi délicate que la sienne. Il devenait
nerveux, distrait, incapable de tout travail fructueux.
Je fis part de mes observations à l'empereur. Tout en
reconnaissant leur bien-fondé, il m'objecta que ces
inconvénients étaient compensés par le fait qu'Alexis
Nicolaïévitch perdait sa timidité et sa sauvagerie naturelles et que, du spectacle des misères auxquelles il
aurait assisté, il garderait, sa vie durant, une horreur
salutaire de la guerre. Mais plus notre séjour au front
se prolongeait, plus je me rendais compte du préjudice
qui en résultait pour le tsarévitch. Ma position devenait
difficile et à deux ou trois reprises j'avais dû intervenir
très énergiquement auprès de l'enfant. J'eus le sentiment que l'empereur ne m'approuvait pas entièrement
et qu'il ne me soutenait pas autant qu'il aurait pu le
faire. Comme j'étais extrêmement fatigué par l'effort
des trois dernières années, — je n'avais pas eu de va-

cances depuis septembre 1913, — je me décidai à demander quelques semaines de congé. Mon collègue, M. Pétrof,
vint me remplacer et je quittai le G. Q. G. le 14 juillet.

Dès mon arrivée à Tsarskoïé-Sélo, l'impératrice me
fit appeler et j'eus avec elle un long entretien au cours
duquel je m'efforçai de lui montrer les graves inconvénients qui résultaient pour Alexis Nicolaïévitch de ces
longs séjours au front. Elle me répondit que l'empereur
et elle s'en rendaient bien compte, mais qu'ils estimaient
qu'il valait mieux sacrifier momentanément l'instruction de leur fils, au risque même de nuire à sa santé,
que de le priver du bénéfice qu'il retirait d'autre part
de sa vie à Mohilef. Elle me dit, avec une franchise
qui m'étonna, que l'empereur avait tant souffert toute
sa vie de sa timidité naturelle et du fait qu'ayant été
tenu trop à l'écart il s'était trouvé, à la mort subite
d'Alexandre III, fort mal préparé à son rôle de souverain, qu'il s'était promis d'éviter avant tout ces
mêmes fautes dans l'éducation de son fils. Je compris
que je me heurtais à une résolution bien arrêtée dans
l'esprit des souverains et que je ne parviendrais pas
à la modifier ; il fut convenu néanmoins que les leçons
d'Alexis Nicolaïévitch reprendraient d'une façon plus
régulière à partir du mois de septembre et que je serais
secondé dans mon travail.

Notre conversation terminée, l'impératrice me retint
à dîner, j'étais ce soir-là le seul invité. Après le repas,
nous sortîmes sur la terrasse ; c'était une belle soirée
d'été calme et chaude. Sa Majesté s'était étendue sur
sa chaise longue et tricotait, ainsi que deux de ses filles,
des vêtements de laine pour les soldats. Les deux autres
grandes-duchesses travaillaient à l'aiguille. Le principal
sujet de notre conversation fut naturellement Alexis

Nicolaïévitch sur les faits et gestes duquel elles ne se lassaient pas de me questionner. Je passai ainsi une heure en leur compagnie dans ce cadre simple et paisible, mêlé tout à coup à l'intimité de cette vie familiale où l'étiquette ne m'avait permis de pénétrer que d'une façon si incomplète et si rare.

Les jours suivants, je profitai de mes loisirs pour faire de nombreuses visites et renouer des relations que mes voyages au front m'avaient forcé de négliger. Je vis ainsi des personnes appartenant à différents milieux de la capitale et je ne tardai pas à me convaincre qu'un profond changement s'était opéré dans l'état des esprits pendant les derniers mois. On ne se contentait plus d'attaquer avec violence le gouvernement, on s'en prenait maintenant directement à la personne de l'empereur.

Depuis la mémorable journée du 22 février 1916 où Nicolas II, animé d'un sincère désir de conciliation, était venu à la Douma, le désaccord qui existait entre le monarque et la représentation nationale n'avait fait que s'accroître. Le tsar hésitait depuis longtemps à accorder les concessions libérales qu'on lui demandait : il estimait que le moment était mal choisi et qu'il était dangereux de tenter des réformes en pleine guerre. Ce n'est pas qu'il tînt personnellement à ses prérogatives d'autocrate, car il était la simplicité et la modestie mêmes, mais il craignait les répercussions qu'un changement aussi radical pourrait avoir dans des conjonctures d'une gravité incalculable. En déclarant, le 22 février, qu'il était « heureux d'être au milieu des représentants de son peuple », l'empereur avait exprimé sincèrement sa pensée. En les conviant à « unir tous

leurs efforts pour le bien de la Patrie, à l'heure critique
que traversait le pays, il les engageait à oublier leurs
dissensions politiques, pour ne plus avoir qu'un but :
la victoire, et à lui faire crédit jusqu'à la fin de la guerre.
Pourquoi ne prit-il pas ce jour-là l'engagement solennel
d'octroyer au pays, dès que les circonstances le per-
mettraient, les libertés que réclamait la nation, pourquoi
ne cherchait-il pas à regagner par des actes la confiance
de la Douma, qu'il sentait lui échapper ? C'est que
ceux qui l'entouraient l'avaient mis dans l'impossibilité
de se rendre compte par lui-même de la situation réelle
du pays.

La visite de l'empereur au palais de Tauride avait
fait naître de grands espoirs ; ils n'avaient pas eu de
lendemain, et l'on n'avait pas tardé à s'apercevoir que
rien n'était changé. La lutte contre le gouvernement
reprit aussitôt, les revendications se firent de jour en
jour plus pressantes, les récriminations plus violentes.
Égaré par les faux renseignements de ceux qui abusaient
de sa confiance, le tsar crut voir dans l'opposition de
la Douma le résultat de menées révolutionnaires et, mal
conseillé, il s'imagina pouvoir rétablir son autorité
par des mesures qui ne firent qu'augmenter le mécontentement général.

Mais c'est surtout contre l'impératrice qu'on menait
campagne. Les pires insinuations circulaient sur son
compte et commençaient à trouver crédit même dans
les cercles qui jusqu'alors les avaient repoussées avec
mépris. La présence de Raspoutine à la cour causait,
comme je l'avais prévu, un préjudice sans cesse grandissant au prestige des souverains et donnait lieu aux
commentaires les plus malveillants. On ne s'en tenait
pas aux attaques dirigées contre la vie privée de l'im-

pératrice, on l'accusait ouvertement de germanophilie,
et on laissait entendre que ses sympathies pour l'Allemagne pouvaient devenir un danger pour le pays. Le
mot de trahison n'était pas encore sur les lèvres, mais
des sous-entendus pleins de réticences montraient que
le soupçon s'était implanté dans beaucoup d'esprits.
C'était là, je le savais, le résultat de la propagande et
des intrigues allemandes [1].

J'ai expliqué plus haut que le gouvernement de
Berlin s'était rendu compte, en automne 1915, qu'il ne
viendrait jamais à bout de la Russie tant qu'elle resterait unie autour de son tsar, et que, depuis ce moment-
là, il n'avait plus eu qu'une pensée : provoquer la
révolution qui amènerait la chute de Nicolas II. En
raison des difficultés qu'ils rencontraient à atteindre
directement le tsar, les Allemands avaient tourné leurs
efforts contre l'impératrice, et commencé sous main
contre elle une campagne de diffamation très habilement conduite qui n'avait pas tardé à produire ses
effets. Ils n'avaient reculé devant aucune calomnie.
Ils avaient repris le procédé classique qui a fait ses
preuves au cours de l'histoire, et qui consiste à frapper
le monarque en la personne de la souveraine : il est en

1. J'avais eu l'occasion de m'en convaincre moi-même à la fin de
1915. Je rencontrai un jour, chez des amis, un jeune officier qui, de par
ses opinions politiques, était plutôt favorable à la cour. Il nous raconta
avec une profonde indignation qu'un personnage était venu sur l'ordre
de l'impératrice apporter des cadeaux et de l'argent aux officiers allemands en traitement dans le même hôpital militaire que lui et qu'il
n'était même pas entré dans les salles occupées par les officiers russes.
Étonné de ce récit, je demandai des précisions. Une enquête fut ordonnée :
elle confirma l'exactitude des faits qui m'avaient été rapportés, mais il
fut impossible de retrouver les traces de l'individu qui était parvenu,
grâce à de faux papiers, à faire accroire qu'il était chargé d'une mission
officielle. Le hasard m'avait mis en présence d'une des nombreuses
provocations organisées par les agents et avec l'or allemands.

effet toujours plus facile de nuire à la réputation d'une femme, surtout quand elle est étrangère. Comprenant tout le parti qu'ils pouvaient tirer du fait que l'impératrice était une princesse allemande, ils avaient cherché, par de très habiles provocations, à la faire passer pour traître à la Russie. C'était le meilleur moyen de la compromettre aux yeux de la nation. Cette accusation avait trouvé un accueil favorable dans certains milieux russes et était devenue une arme redoutable contre la dynastie.

L'impératrice était au courant de la campagne menée contre elle et elle en souffrait comme d'une profonde injustice, car elle avait accepté sa nouvelle patrie, de même que sa nouvelle religion, avec tout l'élan de son cœur : elle était russe de sentiments comme elle était orthodoxe de convictions [1].

Mon séjour à l'arrière me permit aussi de constater combien le pays souffrait de la guerre. Les fatigues et les privations avaient suscité un mécontentement

1. Au moment où je rédige ces pages, j'en trouve la pleine confirmation dans le passage suivant tiré d'un article de M Paléologue, ambassadeur de France à Pétrograd : *La Russie des Tsars pendant la Grande Guerre* (*Revue des Deux-Mondes* du 15 mars 1921): « Voilà plusieurs fois déjà que j'entends reprocher à l'Impératrice d'avoir gardé sur le trône des sympathies, des préférences, un fond de tendresse pour l'Allemagne. La malheureuse femme ne mérite en aucune manière cette inculpation, qu'elle connaît et qui la désole. Alexandra Féodorowna n'est Allemande, ni d'esprit, ni de cœur et ne l'a jamais été... » Et plus loin : « Son éducation, son instruction, sa formation intellectuelle et morale furent tout anglaises. Aujourd'hui encore, elle est Anglaise par son extérieur, par son maintien, par un certain accent de raideur et de puritanisme, par l'austérité intransigeante et militante de sa conscience, enfin par beaucoup de ses habitudes intimes. A cela se borne d'ailleurs tout ce qui subsiste de ses origines occidentales. Le fond de sa nature est devenu entièrement russe. D'abord, et malgré la légende hostile que je vois se former autour d'elle, je ne doute pas de son patriotisme. Elle aime la Russie d'un fervent amour. »

général. Par suite du manque croissant de matériel roulant, le combustible, qui avait fait cruellement défaut en hiver, continuait à être hors de prix ; il en était de même des vivres, et la cherté de la vie augmentait dans des proportions alarmantes.

Je rentrai le 11 août au G. Q. G., extrêmement inquiet de tout ce que j'avais vu et entendu. Je fus heureux de retrouver à Mohilef une atmosphère très différente de celle de Pétrograd et de pouvoir me retremper dans ce milieu qui résistait si fermement à l'esprit défaitiste de l'arrière. Cependant, et bien qu'il n'y parût pas au premier abord, on était, là aussi, assez préoccupé de la situation politique.

Alexis Nicolaïévitch se montra très affectueux envers moi, à mon retour, — il m'avait écrit régulièrement pendant mon absence, — et l'empereur me reçut avec une extrême bienveillance. Je n'eus donc qu'à me féliciter de m'être éloigné de mon élève pendant quelque temps, bien qu'il m'en eût coûté, et je me remis à ma tâche avec une nouvelle énergie. Mon collègue anglais, Mr. Gibbes, nous avait rejoints sur ces entrefaites et, comme M. Pétrof restait avec nous, les leçons d'Alexis Nicolaïévitch allaient pouvoir reprendre de façon presque normale.

Sur le front, les combats avaient cessé peu à peu dans les secteurs du nord et du centre ; ils ne se prolongeaient qu'en Galicie où les Russes continuaient à refouler l'armée autrichienne dont la défaite se fût depuis longtemps transformée en déroute si elle n'avait été soutenue par de nombreux régiments allemands. Cependant l'expérience de la campagne de 1916 avait prouvé au G. Q. G. russe qu'il n'arriverait pas à briser

10

la résistance de l'ennemi et à remporter de victoire
définitive tant qu'on souffrirait d'une aussi grande
pénurie d'artillerie. Cette infériorité l'empêchait d'exploiter à fond les succès que la vaillance des troupes et
leur supériorité numérique leur permettaient de remporter au début de chaque offensive. Il fallait donc se
résigner à attendre que le matériel promis par les
Alliés, et dont les difficultés de transport avaient
retardé l'arrivée, fût amené à pied d'œuvre.

La défaite autrichienne avait eu une répercussion
profonde sur la Roumanie. Elle inclinait de plus en
plus à se rallier à la cause de l'Entente, mais elle hésitait
encore à se jeter dans la mêlée. Il fallut, pour la faire
sortir de son irrésolution, une forte pression du ministre
de Russie à Bucarest [1]. Le 27 août, enfin, elle déclarait
la guerre à l'Autriche-Hongrie. La position de la Roumanie était extrêmement difficile, elle se trouvait
isolée à l'extrême flanc gauche de l'immense front russe
dont elle était séparée par les Carpathes ; elle était
menacée au nord et à l'ouest d'une attaque austro-
allemande et pouvait être prise à revers par les Bulgares.
C'est ce qui se produisit, et le début d'octobre marqua
le commencement de la défaite qui devait se terminer
par l'occupation presque totale de la Roumanie.

Dès que le danger lui était apparu, le G. Q. G. russe
s'était efforcé de porter secours à l'armée roumaine,
mais les distances étaient immenses et les moyens de
communication extrêmement défectueux. De plus, la
Russie n'était pas en mesure de faire de grands prélè-

1. J'appris, plus tard seulement, que pour vaincre la résistance
qu'il rencontrait à Bucarest, le ministre des affaires étrangères, Sturmer,
qui avait succédé à Sazonof, avait promis, sans en référer au G. Q. G.
russe, l'envoi de troupes en Roumanie.

vements sur son front, car, en cas de nécessité pressante,
elle se serait vue dans l'impossibilité de récupérer à
temps les divisions envoyées en Roumanie. Cependant,
sur les instances de l'empereur, on y avait acheminé
tous les renforts dont on pouvait disposer. Mais ces
troupes arriveraient-elles encore à temps pour sauver
Bucarest ?

Nous rentrâmes à Tsarskoïé-Sélo le 1er novembre.
L'impression produite par le désastre de la Roumanie
était considérable et l'on en rendait responsable le
ministre des affaires étrangères. Sturmer avait succédé
au commencement de l'année à Gorémykine, comme
président du Conseil des ministres. Sa nomination avait
été mal accueillie et depuis lors il n'avait fait qu'accu-
muler faute sur faute. C'est à la suite de ses intrigues
que Sazonof, qui avait rendu de si grands services
comme ministre des affaires étrangères, avait dû se
retirer, et Sturmer s'était empressé de prendre sa suc-
cession, tout en conservant la présidence du Conseil.
Son nom autant que ses actes le rendaient odieux. On
l'accusait de ne se maintenir au pouvoir que grâce
à l'influence de Raspoutine. On allait jusqu'à dénoncer
ses sympathies allemandes et à le soupçonner d'être
favorable à une paix séparée avec l'Allemagne [1]. Nicolas II se compromettait en conservant plus longtemps
au pouvoir un ministre devenu suspect à tous. On
espérait que le tsar finirait par comprendre qu'on le
trompait une fois de plus, mais on craignait qu'il ne

---

1. L'histoire établira un jour quel fut le rôle de Sturmer : s'il n'a
pas cherché, comme tout semble cependant le prouver, à amener un
rapprochement avec l'Allemagne, il n'en a pas moins causé un tort
irrémédiable à son pays par son incurie criminelle et son manque absolu
de scrupules.

s'en aperçût trop tard, alors que le mal serait déjà irréparable [1].

1. De par son éducation même, un souverain est l'homme le plus mal préparé à la tâche qui lui incombe, et il lui est, par la suite, impossible de remédier à ce déficit.

Plus il prétend régner, moins il est au courant de ce qui se passe : pour l'isoler de son peuple, on ne lui fournit que des renseignements tronqués, défigurés, « cuisinés ». Se rend-on compte de la force de résistance de l'entourage, de l'invincible apathie d'une bureaucratie que figent le traditionalisme et la routine ? Quelque volonté, quelque ténacité qu'il déploie pour découvrir la vérité, arrive-t-il jamais à la connaître ? Napoléon, qui avait passé pourtant par l'école de la vie et qui s'était élevé jusqu'au trône à force de génie et d'audace, a subi le sort commun à tous les souverains. Dans les dernières années de son règne, savait-il encore ce qui se passait en France et avait-il gardé une notion exacte des réalités ?

CHAPITRE XIV

TENSION POLITIQUE. — MORT DE RASPOUTINE

(*Décembre 1916*)

L'atmosphère politique était de plus en plus accablante et l'on sentait l'orage approcher. Le mécontentement était devenu si général, que, malgré la censure, il commençait à se manifester dans la presse. Les dissensions se faisaient toujours plus profondes. Il n'y avait qu'un point sur lequel tout le monde était d'accord; c'était la nécessité de mettre fin à l'omnipotence de Raspoutine. Tous voyaient en lui le conseiller néfaste de la cour et le rendaient responsable des maux dont souffrait le pays. On l'accusait de tous les vices et de toutes les débauches, on en faisait un être immonde et répugnant aux allures fantastiques, capable de toutes les bassesses et de toutes les ignominies. Pour beaucoup, il était une émanation de Satan, l'Antéchrist dont la venue redoutée devait être le signal des pires calamités.

L'empereur avait résisté longtemps à l'influence de Raspoutine. Au début, il l'avait toléré n'osant porter atteinte à la foi que l'impératrice avait mise en lui et où elle puisait l'espérance qui la faisait vivre. Il avait craint de l'éloigner, car si Alexis Nicolaïévitch avait succombé, il eût été sans doute aux yeux de la mère

le meurtrier de son enfant. Mais il avait gardé une pru-
dente réserve et il ne fut gagné que peu à peu aux idées
de l'impératrice. On avait, à maintes reprises, essayé
de le renseigner sur la véritable personnalité de Raspoutine et de provoquer l'éloignement du *staretz*. Souvent ébranlé, le tsar n'avait jamais été convaincu [1].

Le 7 novembre nous quittâmes Tsarskoïé-Sélo et,
après un court séjour à Mohilef, nous partîmes le 9
pour Kief, où l'empereur devait rendre visite à l'impératrice douairière. Il y passa deux jours en compagnie
de sa mère et de quelques-uns de ses parents, qui s'efforcèrent de lui montrer la gravité de la situation et mirent
tout en œuvre pour le persuader d'y porter remède
par des mesures énergiques. L'empereur fut très fortement influencé par les avis qu'on lui donna ; jamais il
ne m'avait paru aussi troublé. Il se montra même,
lui si maître de soi, nerveux, irascible et il lui arriva à
deux ou trois reprises de brusquer Alexis Nicolaïévitch.

Nous rentrâmes le 12 au G. Q. G. et quelques jours
après notre retour Sturmer s'effondrait enfin, à l'indicible joie de tous. L'empereur confia la présidence du
Conseil à A. Trépof que l'on savait partisan de réformes
modérées et intelligentes. On reprit espoir. Malheureusement les intrigues continuaient. Les Allemands, se
flattant qu'elles n'étaient que le prélude de troubles
graves, avaient redoublé d'efforts, semant partout la

---

1. Il semblait qu'un sort fatal s'obstinât à protéger Raspoutine.
On avait remis un jour à l'empereur un dossier relatant de façon très
détaillée les excès du *staretz*. En le parcourant il s'aperçut qu'au jour
et à l'heure indiqués comme ceux auxquels s'était passé un des faits
consignés dans le rapport, Raspoutine se trouvait justement à Tsarskoïé-
Sélo. Il n'en fallut pas davantage pour persuader l'empereur que tout
le mémoire n'était qu'un tissu de calomnies.

méfiance et la suspicion, et cherchant à compromettre définitivement la cour aux yeux de la nation.

Trépof avait demandé à l'empereur la révocation du ministre de l'intérieur Protopopof que sa complète incapacité et le fait qu'il était un adepte de Raspoutine avaient rendu très impopulaire. Le président du Conseil sentait qu'il ne parviendrait pas à faire œuvre utile si ce ministre restait à son poste, car tous les hommes politiques de quelque valeur se récusaient et se dérobaient aux responsabilités de l'heure.

Les initiatives courageuses de patriotes tels que Sazonof, Krivochéine, Samarine, Ignatief, A. Trépof, pour ne citer que quelques-uns des derniers, ne furent pas soutenues comme elles auraient pu l'être. Si toute la partie consciente de la nation s'était groupée autour d'eux, ils auraient eu la force de conjurer le péril grandissant, sans sortir de la légalité. Mais ils ne trouvèrent pas l'appui sur lequel ils auraient dû pouvoir compter : les critiques, les intrigues, les rivalités de personnes et de partis empêchèrent cette union qui seule eût pu être le salut. Si on l'avait réalisée, elle aurait représenté une force telle, que l'action néfaste de Raspoutine et de ses adeptes en eût été paralysée. Malheureusement ceux qui le comprirent furent l'exception ; la majorité se désintéressa d'une lutte ingrate et, par son abstention, laissa le champ libre aux aventuriers et aux intrigants. On ne s'efforça point de faciliter la tâche de ceux qui, conscients du danger, avaient entrepris de sauver l'empereur malgré lui et de maintenir jusqu'à la fin de la guerre le régime chancelant.

L'empereur avait tout d'abord acquiescé au désir de Trépof, puis, sous l'influence de l'impératrice, il s'était ravisé et il attendait irrésolu, perplexe en face de la décision à prendre. Il avait été si souvent trompé qu'il ne savait plus en qui il pouvait avoir confiance. Il se sentait isolé, abandonné de tous. Depuis qu'il avait pris le commandement en chef de l'armée, il s'était dépensé sans compter. Mais la tâche qui lui incombait était trop lourde, elle le dépassait. Il en avait lui-même le sentiment et c'est ce qui faisait sa faiblesse vis-à-vis de l'impératrice, aussi avait-il fini par subir de plus en plus son ascendant. Cependant bon nombre des décisions prises par lui en 1915, et sa visite à la Douma en février 1916, montrent qu'à ce moment-là encore il savait lui résister quand il était persuadé que c'était pour le bien du pays. Il ne s'abandonna définitivement à son influence qu'en automne 1916, alors qu'épuisé par la tension qui résultait de sa double responsabilité d'empereur et de généralissime, il ne se rendait plus compte, dans son isolement grandissant, des mesures à prendre pour sortir d'une situation qui s'aggravait de jour en jour. S'il avait été, en ce moment-là, mieux soutenu par les partis modérés, qui sait s'il n'eût pas trouvé en lui l'énergie de continuer la résistance ?

Quant à l'impératrice, elle croyait sincèrement — sur la foi de Raspoutine — que Protopopof était l'homme qui pouvait sauver la Russie. Il fut maintenu et Trépof, voyant son impuissance, n'allait pas tarder à abandonner son poste.

Nous rentrâmes à Tsarskoïé-Sélo le 8 décembre. La situation devenait de jour en jour plus tendue. Raspoutine qui sentait la haine s'amasser contre lui n'osait plus quitter le petit appartement qu'il occupait à Pétrograd. L'exaspération avait atteint son paroxysme,

le pays attendait sa délivrance et souhaitait ardemment
que quelqu'un vînt le débarrasser de celui qu'il consi-
dérait comme le mauvais génie de la Russie. Mais
Raspoutine était bien gardé. Il l'était par la police
impériale qui surveillait jour et nuit sa maison ; il
l'était également par les socialistes révolutionnaires qui
comprenaient qu'il travaillait pour eux.

Je ne crois pas que Raspoutine ait été, à proprement
parler, un agent aux gages de l'Allemagne, mais il fut
certainement un instrument redoutable entre les mains
du G. Q. G. allemand qui, ayant tout intérêt à prolonger
la vie d'un auxiliaire aussi précieux, l'avait entouré
d'espions qui étaient en même temps ses gardes du
corps. Les Allemands avaient trouvé en lui un moyen
admirablement efficace de compromettre la cour, et
ils l'avaient largement exploité.

De nombreuses tentatives avaient été faites auprès
de l'impératrice — et par les personnes les plus chères
à son cœur — pour tâcher de lui ouvrir les yeux sur la
véritable personnalité de Raspoutine : elles étaient toutes
venues se briser contre la foi absolue qu'elle avait en
lui. Cependant la grande-duchesse Élisabeth Féodorovna [1] voulut encore, en cette heure tragique, tenter
un dernier effort auprès de sa sœur. Elle vint de Moscou
avec l'intention de passer quelques jours à Tsarskoïé-
Sélo au milieu de ceux qu'elle chérissait profondément.
La grande-duchesse Élisabeth était de neuf ans plus
âgée que l'impératrice et avait pour elle une tendresse
presque maternelle. C'est chez elle, on se le rappelle,

1. La grande-duchesse Élisabeth Féodorovna avait fondé à Moscou
une petite communauté religieuse dont elle était la supérieure. Elle
y vivait retirée du monde, consacrant tout son temps à la prière et aux
bonnes œuvres.

que la jeune princesse avait fait son premier séjour en
Russie ; c'est elle qui, au début du règne d'Alexandra
Féodorovna, l'avait entourée de ses conseils et de sa
sollicitude attentive. Si souvent, déjà, elle avait essayé
de désabuser sa sœur sans y parvenir ! Pourtant elle
espérait que, cette fois, Dieu lui donnerait la force de
persuasion qui lui avait fait défaut jusque-là et lui
permettrait de prévenir l'effroyable catastrophe qu'elle
sentait imminente.

Dès son arrivée à Tsarskoïé-Sélo, elle parla à l'impératrice, s'efforçant, avec tout l'amour qu'elle lui portait,
de lui faire comprendre enfin son aveuglement, la sup-
pliant d'écouter ses avertissements, pour le salut des
siens et de son pays. L'impératrice resta inébranlable
dans sa confiance : elle comprenait le sentiment qui
poussait sa sœur à cette démarche, mais elle éprouvait
une peine infinie à la voir ajouter foi aux calomnies de
ceux qui cherchaient à perdre le *staretz*, et elle la pria
de ne plus revenir sur ce sujet. Comme la grande-duchesse insistait, l'impératrice coupa court. L'entrevue
était désormais sans objet.

Quelques heures plus tard, la grande-duchesse reprenait le chemin de Moscou, la mort dans l'âme. L'impératrice et ses filles l'accompagnèrent à la gare. Les
deux sœurs se séparèrent ; elles gardaient intact le
sentiment de tendresse infinie qui les unissait depuis
leur enfance, mais elles comprenaient qu'entre elles
quelque chose venait de se briser [1]. Elles ne devaient
plus se revoir.

---

1. Je tiens ces détails de la bouche de Mlle Schneider, lectrice de
l'impératrice, qui avait été autrefois auprès de la grande-duchesse
Élisabeth et pour laquelle cette dernière avait gardé une profonde
affection.

Nous repartîmes le 18 décembre pour Mohilef. Là
aussi la situation avait empiré. La nouvelle de la prise
de Bucarest était venue encore assombrir les esprits
et paraissait justifier les perspectives les plus pessimistes ; la Roumanie semblait perdue.

On était oppressé, inquiet, on ressentait le malaise
indéfinissable que l'on éprouve à l'approche d'un danger
ou d'une catastrophe, l'orage grondait sourdement.
Soudain, comme un coup de foudre, éclata la nouvelle
de la mort de Raspoutine [1]. C'était le 31 décembre, et,
le même jour, nous partions pour Tsarskoïé-Sélo.

Je n'oublierai jamais la profonde émotion que j'éprou-
vai en revoyant l'impératrice. Sa figure bouleversée
trahissait, malgré elle, l'intensité de sa souffrance. Sa
douleur était immense. On avait brisé sa foi, on avait
tué celui qui seul pouvait sauver son enfant. Lui parti,
tous les désastres, toutes les catastrophes étaient pos-
sibles. Et l'attente commença, l'attente torturante du
malheur qui ne saurait être évité...

1. Les circonstances de la mort de Raspoutine ont été retracées
par les journaux de l'époque. Il suffit de les rappeler ici très brièvement.
Sa mort fut le résultat d'une conjuration à laquelle prirent part, entre
autres, le grand-duc Dimitri Pavlovitch, cousin germain du tsar, le
prince F. Youssoupof, dont la femme est la propre nièce de Nicolas II,
un député monarchiste de la Douma, M. Pourichkévitch et le docteur
Lazarevsky qui l'accompagnait. Le grand-duc voulait montrer par sa
présence qu'il ne s'agissait pas d'un acte de rébellion contre l'empereur
mais bien de l'exécution d'un coupable que la nation avait jugé, parce
qu'il avait abusé de la confiance de son souverain.

Raspoutine fut mis à mort dans la nuit du 30 décembre. Le prince
Youssoupof était allé le chercher en automobile très tard dans la soirée
et l'avait amené chez lui. On tenta d'abord de l'empoisonner, mais
comme l'effet du toxique se faisait attendre, le prince Youssoupof et
le député Pourichkévitch le tuèrent à coups de revolver. Son corps fut
jeté à la Néva, où on le retrouva deux jours plus tard.

CHAPITRE XV

LA RÉVOLUTION. — ABDICATION DE NICOLAS II

(Mars 1917)

Raspoutine n'était plus, le pays était vengé. Quelques hommes courageux avaient pris sur eux de faire disparaître celui qui était devenu pour toute la nation un objet d'exécration [1]. On pouvait espérer, qu'après cette explosion de colère, les esprits allaient se calmer. Il n'en fut rien toutefois, et le conflit entre le tsar et la Douma allait au contraire prendre un caractère de plus en plus aigu.

L'empereur était persuadé que toute concession de sa part, dans les circonstances présentes, serait considérée comme un aveu de faiblesse qui, sans écarter les causes de mécontentement résultant des privations et des souffrances de la guerre, ne ferait que diminuer

1. Il s'agit, bien entendu, de la partie consciente de la Russie. La masse inculte du peuple russe était assez indifférente à la personne de Raspoutine et, parmi ceux qui connaissaient son existence, un grand nombre lui étaient favorables. Sa mort fut considérée par plusieurs comme un acte de vengeance des courtisans, jaloux de leurs prérogatives. « Pour une fois qu'un des nôtres était arrivé jusqu'au tsar, disaient-ils, les seigneurs l'ont tué. »

Pour le moujik, les grands coupables étaient ceux qui séparaient le souverain de son peuple et l'empêchaient d'étendre ses faveurs jusqu'à eux. Témoin ce dicton populaire : « Le tsar accorde, mais ses serviteurs n'octroient pas », par lequel il avait coutume d'exprimer sa confiance en la bonté du tsar et sa haine pour ceux qui l'entouraient.

son autorité, et risquait de hâter la révolution. L'opposition de la Douma faisait ressortir l'incapacité et l'impuissance du gouvernement, et n'apportait aucun remède à la situation. Les conflits s'aggravaient, les intrigues redoublaient, alors que seule l'union de toute la partie consciente de la nation eût pu paralyser l'action néfaste de Protopopof, et que les efforts de tous eussent été nécessaires pour conjurer la catastrophe imminente. Il est vrai que c'était exiger des classes dirigeantes qu'elles fissent preuve d'autant d'abnégation que de patriotisme éclairé, mais les circonstances tragiques que traversait le pays et le sentiment du péril national auraient dû, semble-t-il, les en rendre capables.

Comment ne comprenait-on pas en Russie ce qu'on discernait si bien en Allemagne, à savoir qu'une révolution livrerait fatalement le pays à ses ennemis ? « J'avais bien souvent rêvé, dit Ludendorff dans ses *Souvenirs de guerre*, la réalisation de cette révolution russe qui devait alléger nos charges militaires. Continuelle chimère ! Aujourd'hui, elle se produisait à l'improviste. Je me sentais soulagé d'un poids très lourd [1]. » L'Allemagne était le seul pays d'Europe qui connût la Russie, — elle en avait une notion plus exacte et plus complète que les Russes eux-mêmes, — elle s'était rendu compte depuis longtemps que le régime tsariste, malgré ses fautes, était seul capable de prolonger la résistance de la Russie. Elle savait que la chute du tsar la livrerait à sa merci ; et, par tous les

---

1. Ludendorff : *Souvenirs de guerre*. T. II, p. 20 (2 vol. in-8°. Payot, Paris). Ce que Ludendorff ne dit pas, et pour cause, ce sont les efforts inlassables déployés par l'Allemagne pour provoquer cette révolution russe qui se produisit « à l'improviste ».

moyens, elle cherchait à la provoquer. C'est pourquoi il eût fallu à tout prix faire durer jusqu'à la fin de la guerre le régime existant. La révolution se serait produite fatalement à ce moment-là, elle ne pouvait être conjurée que par l'octroi immédiat d'une constitution, et encore !... Mais la fatalité qui aveuglait les souverains allait égarer à son tour la nation.

Il y avait pourtant chez l'empereur deux sentiments tout-puissants, — ses ennemis politiques eux-mêmes le savaient, — auxquels tout Russe pouvait se rallier, c'était, d'une part, l'amour qu'il éprouvait pour son pays et, d'autre part, sa volonté bien arrêtée de poursuivre la guerre jusqu'au bout. Dans l'aveuglement des passions, on ne comprit pas quelle force morale représentait encore, malgré tout, pour le peuple russe, un tsar irrévocablement décidé à vaincre ; on ne comprit pas que l'idée qu'il incarnait pour les masses populaires pouvait seule mener le pays à la victoire et sauver la Russie de l'asservissement à l'Allemagne.

La position du tsar était extraordinairement difficile. Pour les extrémistes de droite, qui voyaient leur salut dans un compromis avec l'Allemagne, il était l'obstacle irréductible qu'il fallait écarter afin de lui substituer un autre souverain. Pour ceux de gauche qui voulaient la victoire, mais une victoire sans empereur, il était l'obstacle qu'il fallait supprimer par la révolution. Et tandis que, par une propagande intensive à l'arrière et au front, ces derniers s'efforçaient de saper les fondements de la monarchie, — faisant ainsi à leur insu le jeu de l'Allemagne, — les partis modérés adoptaient la ligne de conduite la plus dangereuse, mais la plus conforme au caractère russe, à ce fatalisme slave qui consiste à attendre que les événements se produisent

et à espérer qu'une force providentielle viendra les
diriger pour le bien de tous : l'inertie. On se contenta
d'opposer une résistance passive, ne comprenant pas
qu'en agissant ainsi on paralysait le pays.

Quant au grand public, il était devenu, sans s'en
rendre compte, l'agent docile des intrigues allemandes.
Les bruits les plus alarmants, acceptés et colportés par
lui, créaient à l'arrière une mentalité antimonarchiste
et défaitiste, une atmosphère de méfiance et de suspicion, qui ne devaient pas tarder à avoir leur répercussion
sur le front. Chacun donnait son coup de pioche au
pilier central de l'édifice qui chancelait, et personne
ne songeait à placer, en temps opportun, les étais qui
eussent pu en empêcher l'effondrement. On fit tout
pour amener la révolution, on ne fit rien pour en prévenir les conséquences.

On oublia que la Russie n'est pas seulement composée
de quinze à vingt millions d'hommes mûrs pour le
régime parlementaire, mais qu'elle comprend aussi cent
vingt à cent trente millions de paysans, la plupart
incultes et inconscients, pour lesquels le tsar restait
l'oint du Seigneur, celui que Dieu avait choisi pour
diriger les destinées de la grande Russie. Habitué dès
sa plus tendre enfance à entendre le prêtre invoquer
l'empereur à l'offertoire, un des moments les plus solen-
nels du culte liturgique, le *moujik* dans son exaltation
mystique devait lui attribuer un caractère quasi divin [1].

Le tsar n'était pas le chef de l'Église russe, il en était
le protecteur, le défenseur ; mais depuis que Pierre le
Grand avait supprimé le patriarchat, le peuple était

1. Cette idée ne se retrouve-t-elle pas dans le dicton populaire où
se traduit la foi naïve du paysan russe et le sentiment de son impuissance :
« Jusqu'à Dieu, c'est bien haut ; jusqu'au tsar, c'est bien loin. »

enclin à voir en lui l'incarnation du pouvoir spirituel aussi bien que temporel. C'était une erreur, il est vrai, mais la confusion subsistait. C'est ce double aspect de la personne du souverain qui faisait la force du tsarisme au sein des masses profondes de la nation, et comme le peuple russe est essentiellement mystique, le second facteur ne cédait point en importance au premier. Car dans l'esprit du *moujik* l'autocratie ne se séparait pas de l'orthodoxie.

La révolution russe ne pouvait pas être uniquement une révolution politique ; elle devait nécessairement revêtir un caractère *religieux*. Le tsarisme en tombant devait créer dans la conscience politique et religieuse du peuple russe un trou béant, un appel d'air tellement formidable que, si l'on n'y prenait garde, il entraînerait dans sa chute tout l'organisme social. Pour le simple paysan, le tsar était à la fois l'incarnation de ses aspirations mystiques et une réalité en quelque sorte tangible, impossible à remplacer par une formule politique qui resterait pour lui une abstraction incompréhensible. Dans le vide causé par l'écroulement du tsarisme, la révolution russe — avec le besoin d'absolu et la recherche des extrêmes, inhérents à la nature slave, — devait se précipiter avec une violence telle, qu'aucune forme de gouvernement ne pourrait l'arrêter ; elle risquait fatalement d'aboutir au néant politique et religieux, à l'anarchie.

Pour conjurer cette éventualité redoutable, puisqu'on voulait la révolution, il eût fallu s'y préparer. Mais elle n'en comportait pas moins, même en temps de paix, un aléa formidable ; s'y risquer en pleine guerre devenait criminel. Nous sommes tentés, nous autres Occidentaux, de juger des choses de la Russie d'après les classes dirigéantes avec lesquelles nous sommes en contact et qui ont atteint un degré de culture et de civilisation égal au nôtre, mais nous oublions trop souvent les millions d'êtres frustes et ignorants sur lesquels ont seuls prise les sentiments les plus simples et les plus primitifs ; le fétichisme tsariste en était un exemple frappant.

L'ambassadeur d'Angleterre, renseigné par des hommes politiques russes dont on ne saurait suspecter le patriotisme, mais qui voyaient leur pays comme ils désiraient qu'il fût et non tel qu'il était, se laissa induire en erreur. On ne tint pas compte des conditions très spéciales qui faisaient de la Russie un anachronisme religieux, politique et social auquel aucune des formules, aucune des mesures de l'Europe occidentale ne pouvait convenir. On oublia que si dans tout pays en guerre une révolution provoque toujours au début, par les flottements inévitables qui en résultent, un affaiblissement de la nation, et diminue considérablement la force combative de l'armée, ces effets allaient se produire en Russie avec une intensité et une ampleur accrues. L'erreur de l'Entente est d'avoir cru que le

1. Ludendorff exagère le rôle de l'Entente dans la révolution russe, quand il écrit : « En mars 1917 une révolution, provoquée par l'Entente, renversa le tsar ». Le mouvement fut soutenu et non provoqué par les Alliés. Mais Ludendorff montre bien quelles en furent les conséquences immédiates pour l'Allemagne : « La révolution entraînait fatalement une diminution de la valeur militaire russe, affaiblissait l'Entente et allégeait considérablement notre lourde tâche. Le G. Q. G. put réaliser, sans délai, une économie importante de troupes et de munitions, il put aussi entreprendre sur une plus grande échelle l'échange des divisions » Et plus loin : « En avril et en mai 1917, en dépit de notre victoire sur l'Aisne et en Champagne, c'est la révolution russe qui nous a sauvés. » (Ludendorff, Souvenirs de guerre, t. II, p. 20 et 35.) Ainsi, de l'aveu même des Allemands, sans la révolution russe la guerre aurait été terminée en automne 1917 et des millions de vies humaines eussent été épargnées. Se rend-on compte de la force qu'aurait eue un traité de Versailles signé par l'Entente avec la Russie ! L'Allemagne prise dans

11

mouvement qui se dessinait au début de février 1917, était d'origine populaire. Il n'en fut rien, seules les classes dirigeantes y participèrent ; la grande masse y resta étrangère. Ce ne fut pas, comme on l'a dit, une lame de fond qui renversa la monarchie, mais bien la chute du tsarisme qui souleva une vague si formidable qu'elle engloutit la Russie et faillit submerger les États voisins.

L'empereur après son retour du G. Q. G. avait passé à Tsarskoïé-Sélo les mois de janvier et de février ; il sentait que la situation politique était de plus en plus tendue, mais il n'avait pas encore perdu tout espoir. Le pays souffrait, il était las de la guerre et aspirait ardemment à la paix. L'opposition grandissait de jour en jour et l'orage grondait, mais Nicolas II espérait encore, malgré tout, que le sentiment patriotique l'emporterait sur les suggestions funestes que les angoisses de l'heure présente faisaient naître dans les esprits, et que l'on ne voudrait pas risquer de compromettre par un acte irréfléchi les résultats d'une guerre qui avait tant coûté au pays. Il gardait intacte sa foi dans l'armée ; il savait que le matériel envoyé de France et d'Angleterre arrivait de façon satisfaisante et améliorait les conditions dans lesquelles elle combattait. Il fondait les plus grands espoirs sur les nouvelles unités que la Russie avait créées au cours de l'hiver[1], et il

un état n'eût pu échapper à son sort de vaincue. La révolution suivie par ses conséquences (le bolchévisme) a jeté la Russie dans les bras de l'Allemagne : elle y est restée. L'Allemagne seule est en mesure d'organiser et de tirer profit des immenses ressources qu'elle offre ; c'est en Russie que l'Allemagne prépare sa revanche contre l'Entente.

[1] La Russie avait procédé à une réorganisation de son armée qui augmentait le nombre de ses divisions et lui procurait un grand accroissement de force.

était persuadé qu'on serait prêt à se joindre au printemps à la grande offensive des Alliés qui, en portant
le coup fatal à l'Allemagne, sauverait la Russie. Encore
quelques semaines, et c'était la victoire.

Cependant, l'empereur hésitait à quitter Tsarskoïé-
Sélo, tant la situation politique le préoccupait ; d'autre
part il estimait que son départ ne pouvait plus être
différé et que son devoir l'obligeait à rejoindre le G.
Q. G. Enfin, le jeudi 8 mars, le tsar se mit en route pour
Mohilef où il arriva le lendemain. Il avait à peine quitté
la capitale, que les premiers symptômes d'agitation se
manifestaient dans les quartiers ouvriers. Les usines
se mirent en grève et le mouvement s'étendit rapidement les jours suivants. La population de Pétrograd
avait enduré de grandes privations au cours de l'hiver,
car, par suite de la pénurie de matériel roulant, le transport des vivres et du combustible était devenu extrêmement difficile, et la situation ne tendait pas à s'améliorer. Le gouvernement ne sut prendre aucune mesure
propre à calmer l'effervescence, et Protopopof ne fit
qu'exaspérer les esprits par une action répressive de
la police, aussi stupide que criminelle. On avait également fait intervenir la troupe. Mais tous les régiments
étaient au front, il n'y avait à Pétrograd que des éléments en période d'instruction qui avaient été fortement travaillés par la propagande organisée dans les
casernes, malgré la surveillance. Les défections ne tardèrent pas à se produire et, au bout de trois jours d'une
molle résistance, les troupes passèrent les unes après
les autres du côté des insurgés. Le 13, la ville était
presque entièrement entre les mains des révolutionnaires et la Douma procédait à la formation d'un gouvernement provisoire.

On ne se rendit pas compte tout d'abord à Mohilef de la portée des événements qui se déroulaient à Pétrograd. Toutefois, dès le samedi, 10 mars, le général Alexéief et quelques personnages de la suite de l'empereur tentèrent de l'éclairer et l'engagèrent à octroyer sans délai les libertés que réclamait la nation. Mais Nicolas II, trompé une fois de plus par les renseignements volontairement incomplets ou inexacts de quelques inconscients de son entourage [1], ne crut pas devoir écouter ces conseils. Le 12, il devint impossible de cacher plus longtemps la vérité à l'empereur ; il comprit que des mesures extraordinaires s'imposaient, et il résolut de rentrer immédiatement à Tsarskoïé-Sélo.

Le train impérial quitta Mohilef dans la nuit du 12 au 13, mais vingt-quatre heures plus tard, en arrivant à la gare de Malaïa Vichéra, on apprit que la station de Tosno, à cinquante kilomètres au sud de Pétrograd, était occupée par les insurgés et qu'il était impossible d'atteindre Tsarskoïé-Sélo. Il fallut rebrousser chemin.

Le tsar décida de se rendre à Pskof où se trouvait le général Roussky, commandant en chef du front nord ; il y arriva le 14 au soir. Mis par le général au courant des derniers événements de Pétrograd, l'empereur le chargea de faire savoir par téléphone à M. Rodzianko qu'il était prêt à toutes les concessions si la Douma estimait qu'elles pouvaient ramener l'ordre

---

1. Le professeur Flodrof, se rendant compte que chaque heure de retard diminuait les chances d'éviter la catastrophe imminente, se mit à la recherche du général V.. qui occupait un des postes les plus élevés dans l'entourage de l'empereur. Il le trouva juché sur une échelle, occupé à planter dans la paroi un clou auquel il voulait suspendre un tableau. Flodrof lui fit part de ses angoisses et le supplia de se rendre sur-le-champ auprès de l'empereur. Mais le général le traita de « maniaque atteint de la phobie des révolutions » et, reprenant son marteau, continua l'opération interrompue par le malencontreux visiteur.

dans le pays. La réponse fut : Il est trop tard. En était-
il réellement ainsi ? Le mouvement révolutionnaire
était limité à Pétrograd et à ses environs immédiats.
Et, malgré la propagande, le prestige du tsar était encore
considérable à l'armée, et intact parmi les paysans.
L'octroi d'une constitution et l'appui de la Douma
n'auraient-ils pas suffi pour rendre à Nicolas II la popu-
larité dont il avait joui au début de la guerre ?

La réponse de la Douma ne laissait à l'empereur
qu'une alternative : abdiquer ou tenter de marcher
sur Pétrograd avec les troupes qui lui resteraient fidèles ;
mais c'était la guerre civile en présence de l'ennemi...
Nicolas II n'hésita pas et le 15 au matin il remettait
au général Roussky un télégramme annonçant au président de la Douma son intention d'abdiquer en faveur
de son fils.

Quelques heures plus tard il fit appeler dans son
wagon le professeur Fiodrof et lui dit :

— Serge Pétrovitch, répondez-moi franchement, la
maladie d'Alexis est-elle incurable ?

Le professeur Fiodrof, comprenant toute l'importance des paroles qu'il allait prononcer, lui répondit :

— Sire, la science nous apprend que c'est là un mal
inguérissable. Ceux qui en sont atteints parviennent
néanmoins parfois à un âge avancé. Cependant Alexis
Nicolaïévitch est à la merci d'un accident.

L'empereur baissa tristement la tête et murmura :

— C'est bien ce que m'avait dit l'impératrice... Eh
bien, puisqu'il en est ainsi, puisqu'Alexis ne peut pas
être utile à son pays comme je le voudrais, nous avons
le droit de le garder.

Sa résolution était prise et le soir, quand arrivèrent
de Pétrograd les représentants du gouvernement pro-

visoire et de la Douma, il leur remit l'acte d'abdication qu'il avait rédigé à l'avance, et par lequel il renonçait pour lui et pour son fils au trône de Russie en faveur de son frère le grand-duc Michel Alexandrovitch.

Voici la traduction de ce document qui, par sa noblesse et par l'ardent patriotisme qui s'en dégage, força l'admiration des ennemis de l'empereur :

ACTE D'ABDICATION DE L'EMPEREUR NICOLAS II

Par la grâce de Dieu, nous, Nicolas II, empereur de toutes les Russies, tsar de Pologne, grand-duc de Finlande, etc., etc., à tous nos fidèles sujets faisons savoir :

En ces jours de grande lutte contre l'ennemi extérieur qui s'efforce depuis trois ans d'asservir notre Patrie, Dieu a trouvé bon d'envoyer à la Russie une nouvelle et terrible épreuve. Des troubles intérieurs menacent d'avoir une répercussion fatale sur la marche ultérieure de cette guerre obstinée. Les destinées de la Russie, l'honneur de notre héroïque armée, le bonheur du peuple, tout l'avenir de notre chère Patrie veulent que la guerre soit conduite à tout prix jusqu'à une issue victorieuse.

Notre cruel ennemi fait ses derniers efforts et le moment est proche où notre vaillante armée, de concert avec mes glorieux Alliés, l'abattra définitivement.

En ces jours décisifs pour l'existence de la Russie, nous croyons devoir, pour obéir à notre conscience, faciliter à notre peuple une étroite union et l'organisation de toutes ses forces pour la réalisation rapide de la victoire.

C'est pourquoi, d'accord avec la Douma d'Empire, nous estimons bien faire en abdiquant la couronne de l'État et en déposant le pouvoir suprême.

Ne voulant pas nous séparer de notre fils bien-aimé, nous léguons notre héritage à notre frère, le grand-duc Michel Alexandrovitch, en lui donnant notre bénédiction, au moment de son avènement au trône. Nous lui demandons de gouverner en pleine union avec les représentants de la nation siégeant

aux institutions législatives, et de leur prêter un serment
inviolable au nom de la Patrie bien-aimée.

Nous faisons appel à tous les fils loyaux de la Patrie, leur
demandant d'accomplir leur devoir patriotique et sacré en
obéissant au tsar en ce pénible moment d'épreuve nationale,
et de l'aider, avec les représentants de la nation, à guider
l'État russe dans la voie de la prospérité et de la gloire.

Dieu aide la Russie !

Le tsar était tombé. L'Allemagne était sur le point
de remporter sa plus grande victoire, mais ce triomphe
pouvait encore lui échapper. Il eût suffi pour cela que
la partie consciente de la nation se ressaisît à temps
et se groupât autour du grand-duc Michel qui, de par
la volonté de son frère, — d'acte d'abdication le disait
clairement, — allait être un souverain constitutionnel
dans la pleine acception du terme. Rien n'empêchait
que cela fût, car on n'était pas encore en présence d'un
de ces grands mouvements populaires qui échappent
à toute logique et précipitent les nations dans le gouffre
de l'inconnu. La révolution était exclusivement l'œuvre
de la population pétersbourgeoise dont la majeure
partie n'aurait pas hésité à se rallier au nouveau monarque si le gouvernement provisoire et la Douma lui
en avaient montré l'exemple. L'armée, encore bien
disciplinée, représentait une force considérable. Quant
à la majorité de la nation, elle ignorait même que quelque
chose se fût passé.

Le désir de s'assurer le pouvoir et la crainte qu'inspiraient les extrémistes firent qu'on laissa échapper cette
chance ultime de prévenir la catastrophe. Le lendemain
de l'abdication de l'empereur, le grand-duc Michel,
sur le conseil de tous les membres du gouvernement
provisoire, sauf deux, se désistait à son tour et remettait

à une assemblée constituante la tâche de décider quelle serait désormais la forme du gouvernement.

L'acte irrémédiable était accompli. La disparition du tsar laissait dans l'âme des masses un vide immense qu'elles étaient impuissantes à combler. Elles restaient livrées à elles-mêmes, désemparées et flottantes, en quête d'un idéal, d'une croyance qui pût remplacer ce qu'elles avaient perdu, et ne découvraient autour d'elles que néant.

L'Allemagne, pour achever son œuvre de destruction, n'avait plus qu'à lâcher sur la Russie, après les avoir largement pourvus d'or, Lénine et ses adeptes. Ceux-ci ne songeaient point à parler aux paysans de république démocratique ou d'assemblée constituante ; c'était, ils le savaient, peine perdue. Nouveaux prophètes, ils venaient prêcher la guerre sainte et essayer d'entraîner ces millions d'êtres incultes par l'attrait d'une doctrine où les plus beaux préceptes du Christ côtoient les pires sophismes, et qui, entre les mains des Juifs, aventuriers du bolchévisme, allait se traduire par l'asservisse-ment du *moujik* et la ruine de la patrie.

CHAPITRE XVI

L'EMPEREUR NICOLAS II

Nicolas II, désirant prendre congé de ses troupes, quitta Pskof le 16 mars et rentra au G. Q. G. Il y séjourna jusqu'au 21, habitant comme auparavant la maison du gouverneur, et recevant chaque jour le rapport du général Alexéief. L'impératrice douairière, Marie Féodorovna, était venue de Kief rejoindre l'empereur, et elle resta avec lui jusqu'au jour de son départ pour Tsarskoié-Sélo.

Le 21, les commissaires envoyés par le gouvernement provisoire et par la Douma arrivèrent à Mohilef. Ils chargèrent le général Alexéief d'annoncer au tsar que, par décision du gouvernement provisoire, il était mis en état d'arrestation et qu'ils avaient reçu mission de le ramener à Tsarskoié-Sélo. Le wagon des commissaires fut attelé au train de l'empereur et le départ eut lieu le soir même.

Avant de quitter le G. Q. G., Nicolas II tint à prendre congé des troupes en leur adressant l'ordre du jour suivant :

PRIKAZE DU CHEF DE L'ÉTAT-MAJOR
DU COMMANDANT EN CHEF.

8 (21) mars 1917. N° 371.

Je m'adresse à vous pour la dernière fois, soldats chers
à mon cœur. Depuis que j'ai renoncé en mon nom et en celui
de mon fils au trône de Russie, le pouvoir a été transmis au
gouvernement provisoire qui a été formé sur l'initiative de
la Douma d'Empire.

Que Dieu l'aide à conduire la Russie sur le chemin de la
gloire et de la prospérité ! Que Dieu vous aide, vous aussi,
soldats glorieux, à défendre notre Patrie contre un ennemi
cruel ! Pendant deux ans et demi vous avez à toute heure
supporté les fatigues d'un service pénible ; beaucoup de sang
a été versé, de grands efforts ont été accomplis et déjà l'heure
est proche où la Russie et ses glorieux Alliés briseront d'un
élan commun la dernière résistance de l'ennemi.

Cette guerre sans exemple doit être conduite jusqu'à la
victoire définitive. Quiconque songe à la paix et la désire
en ce moment est traître à sa Patrie et la livre à l'ennemi.
Je sais que tout soldat digne de ce nom pense comme moi.

Accomplissez votre devoir, protégez notre chère et glorieuse
Patrie, soumettez-vous au gouvernement provisoire, obéissez
à vos chefs et souvenez-vous que tout relâchement dans le
service ne profite qu'à l'ennemi.

J'ai la ferme conviction que l'amour sans bornes que vous
avez pour notre grande Patrie n'est pas éteint dans vos cœurs.
Que Dieu vous bénisse et que saint Georges, le grand martyr,
vous mène à la victoire !

NICOLAS.

Le chef d'État-major,

Général ALEXÉIEFF.

En cette heure tragique et douloureuse, l'empereur
n'avait qu'un désir : faciliter la tâche du gouvernement

qui l'avait détrôné ; et sa seule crainte était que les
événements qui venaient de se produire eussent sur
l'armée une répercussion fâcheuse dont l'ennemi pût
faire son profit.

Par décision du ministre de la guerre, cet ordre du
jour ne fut jamais porté à la connaissance des troupes !

Pourquoi la fatalité voulut-elle que l'empereur Nicolas II régnât au début du xxe siècle et à d'un des moments les plus troublés que l'histoire ait connus ? Doué
de qualités personnelles remarquables, il fut l'incarnation de ce que la nature russe a de plus noble et de
plus chevaleresque, mais il fut faible. D'une loyauté
parfaite, il resta l'esclave de la parole donnée. Sa fidélité aux Alliés, qui probablement causa sa mort, le
prouve surabondamment. Il méprisait les procédés de
la diplomatie et il était peu fait pour la lutte ; il fut
écrasé par les événements.

Nicolas II était un modeste et un timide ; il douta
trop de lui-même : de là toutes ses infortunes. Son
premier mouvement, le plus souvent, était juste ; le
malheur est qu'il y cédait rarement à cause de cette
méfiance qu'il avait de lui-même. Il recherchait les
conseils de gens qu'il estimait plus compétents que lui.
Dès ce moment il ne dominait plus les questions, elles
lui échappaient ; il hésitait entre des avis opposés et
finissait souvent par se rallier à celui qui était le plus
contraire à son propre sentiment.

L'impératrice connaissait le caractère irrésolu de
l'empereur. Elle crut, nous l'avons constaté, que c'était
pour elle un devoir sacré de lui venir en aide dans la
lourde tâche qui lui était échue. Son action sur l'empe-

reur fut très grande et presque toujours néfaste. Elle
fit de la politique une question de sentiment et de per-
sonnalités, et se laissa guider trop souvent par ses sympathies et ses antipathies, ou par celles de son entourage. De nature impulsive, l'impératrice était sujette
à des engouements qui lui faisaient accorder sa confiance la plus complète à ceux qu'elle croyait sincèrement dévoués au pays et à la dynastie. Ce fut le cas
pour Protopopof.

L'empereur avait le souci d'être juste et le désir de
faire le bien. S'il n'y parvint pas toujours, la faute en
fut à ceux qui mirent tout en œuvre pour lui cacher la
vérité et l'isoler de son peuple. Toutes ses initiatives
généreuses vinrent se briser contre la résistance passive
d'une bureaucratie toute-puissante, ou furent sabotées
sciemment par ceux auxquels il en confia la réalisation.
Il estimait que l'initiative personnelle, si puissante, si
géniale fût-elle, n'est que bien peu de chose comparée
aux forces supérieures qui dirigent le cours des événements. De là chez lui une sorte de résignation mystique
qui le portait à subir la vie plutôt que de chercher à
la diriger. C'est là un des traits caractéristiques de l'âme
russe.

Homme d'intérieur, il aurait été parfaitement heureux s'il avait pu vivre comme un simple mortel, mais
il s'était résigné à son sort et avait accepté avec une
entière soumission la tâche surhumaine que Dieu lui
imposait. Il aimait son peuple et sa patrie de toutes les
forces de son être ; ses prédilections allaient aux plus
humbles de ses sujets, à ces *moujiks* dont il souhaitait
sincèrement améliorer la condition. Tragique destinée
que celle de ce souverain qui, durant tout son règne,

n'aspira qu'à se rapprocher de son peuple et qui n'en
trouva pas le moyen ! Il est vrai qu'il était bien gardé,
et par ceux-là mêmes qui avaient intérêt à ce qu'il n'y
réussît point [1].

1. Ce fut un grand malheur pour l'empereur Nicolas II et pour l'impératrice Alexandra Féodorovna d'être montés sur le trône si jeunes.
Comme Louis XVI et Marie-Antoinette, ils auraient pu, eux aussi,
s'écrier à leur avènement : « Mon Dieu ! gardez-nous, protégez-nous !
Nous régnons trop jeunes. »

L'histoire leur rendra justice. Que n'a-t-on pas écrit sur Louis XVI,
à l'époque de la Révolution française ? Quelles accusations n'a-t-on
pas portées contre lui ? De quelles calomnies ne l'a-t-on pas couvert ?
Cependant les écoliers de France apprennent de nos jours qu' « il était
honnête et bon et avait le désir du bien ». (Malet. *Révolution et Empire*,
page 312.) Il en sera de même pour Nicolas II, avec cette différence
en plus, qu'ayant repoussé toute compromission avec l'ennemi, il est
mort victime de son attachement à son pays.

CHAPITRE XVII

LA RÉVOLUTION VUE DU PALAIS ALEXANDRE RETOUR DE L'EMPEREUR A TSARSKOIÉ-SÉLO

Pendant que les événements dramatiques que j'ai décrits dans les chapitres précédents se déroulaient à Pskof et à Mohilef, l'impératrice et ses enfants, restés au palais Alexandre, vivaient des jours d'indicible angoisse.

Comme nous l'avons vu, ce n'est qu'après de longues hésitations que l'empereur déjà inquiet s'était décidé, le 8 mars 1917, à quitter Tsarskoié-Sélo pour se rendre au G. Q. G.

Son départ affecta tout particulièrement l'impératrice, car aux appréhensions que faisait naître la situation politique venaient s'ajouter les craintes que lui inspirait Alexis Nicolaïévitch. Le tsarévitch, en effet, était alité depuis plusieurs jours, ayant la rougeole, et diverses complications étaient venues aggraver son état. Pour comble de malheur, trois des grandes-duchesses étaient tombées malades à leur tour, et Marie Nicolaïévna était seule à pouvoir seconder sa mère.

Le 10 mars, nous apprenions que des troubles avaient éclaté à Pétrograd et que des collisions sanglantes s'étaient produites entre la police et les manifestants.

C'est que, depuis plusieurs jours, la rareté des vivres

avait suscité un violent mécontentement dans les quartiers populaires. Des cortèges s'étaient formés et la foule avait parcouru les rues de la ville en réclamant du pain.

Je compris que Sa Majesté était très préoccupée, car, faisant exception à sa règle habituelle, elle me parla des événements politiques et me dit que Protopopof accusait les socialistes de chercher, par une propagande active auprès des cheminots, à empêcher le ravitaillement de la ville afin d'exciter le peuple à la révolution.

Le 11, la situation devenait subitement très critique et les nouvelles les plus alarmantes nous parvenaient coup sur coup. L'émeute gagnait le centre de la ville et la troupe qu'on avait fait intervenir depuis la veille résistait faiblement.

J'appris également qu'un ukase de l'empereur était venu ordonner la suspension de la Douma, mais que, vu la gravité des événements, l'assemblée avait passé outre à l'ordre de prorogation et décidé de procéder à la formation d'un Comité exécutif chargé de rétablir l'ordre.

Les combats reprenaient avec plus d'acharnement encore le lendemain, et les insurgés parvenaient à s'emparer de l'arsenal. Vers le soir on me téléphonait de Pétrograd que les éléments de réserve de plusieurs régiments de la garde : les régiments Paul, Préobrajensky, etc., avaient fait cause commune avec eux. Cette nouvelle frappa de stupeur l'impératrice. Depuis la veille, elle était extrêmement inquiète et se rendait compte de l'imminence du péril.

Pendant ces deux journées, elle avait passé tour à tour des chambres des grandes-duchesses à celle d'Alexis

Nicolaïévitch, dont l'état de santé avait encore empiré, s'efforçant de cacher aux malades l'angoisse qui la torturait.

Le 13, à 9 h. 1/2 du matin, comme j'entre chez le tsarévitch, l'impératrice me fait signe de la suivre dans la salle à côté. Elle m'annonce que la capitale est, de fait, entre les mains des révolutionnaires et que la Douma vient de constituer un gouvernement provisoire à la tête duquel se trouve Rodzianko.

— La Douma s'est montrée à la hauteur des circonstances, me dit-elle. Elle a compris enfin, je crois, le danger qui menace le pays, mais je crains que ce ne soit trop tard : il s'est formé un comité socialiste-révolutionnaire qui ne veut pas reconnaître l'autorité du gouvernement provisoire. Je viens de recevoir de l'empereur un télégramme m'annonçant son arrivée pour 6 heures du matin. Mais il désire que nous quittions Tsarskoïé-Sélo pour Gatchina [1] ou que nous nous portions à sa rencontre. Faites donc tout préparer pour le départ éventuel d'Alexis.

Les ordres sont donnés. Sa Majesté passe par de terribles hésitations. Elle a fait savoir à Rodzianko la gravité de l'état du tsarévitch et des grandes-duchesses. Il répond : « Quand une maison brûle, on commence par en emmener les malades. »

A quatre heures, le docteur Dérévenko rentre de l'hôpital et nous annonce que tout le réseau de chemin de fer des environs de Pétrograd est déjà occupé par les révolutionnaires, que nous ne pouvons pas partir et qu'il est peu probable que l'empereur puisse arriver.

Le soir, vers neuf heures, la baronne de Buxhœ-

1. Autre résidence impériale, à 20 kilomètres au sud-ouest de Petrograd.

LA GRANDE-DUCHESSE TATIANA NICOLAÏÉVNA ASSISE A LA LIMITE
QU'IL ÉTAIT INTERDIT AUX PRISONNIERS DE FRANCHIR DANS LE
PARC DE TSARSKOIÉ-SÉLO.

ALEXIS NICOLAIÉVITCH EST VENU REJOINDRE SA SŒUR,
LA GRANDE-DUCHESSE TATIANA.

SALON DE L'IMPÉRATRICE AU PALAIS ALEXANDRE : AU MUR,
" MARIE-ANTOINETTE ET SES ENFANTS ", TAPISSERIE D'APRÈS
LE TABLEAU DE Mme VIGÉE-LEBRUN, CADEAU DU GOUVERNEMENT
FRANÇAIS.

SALLE DES PORTRAITS ; AU SECOND PLAN : SALLE EN HÉMICYCLE.

veden entre chez moi. Elle vient d'apprendre que la garnison de Tsarskoïé-Sélo s'est mutinée et que l'on tire dans la rue. Il faut avertir l'impératrice qui est auprès des grandes-duchesses. Précisément, elle sort dans le couloir et la baronne la met au courant de la situation. Nous nous approchons des fenêtres. Nous voyons le général Reissine qui, à la tête de deux compagnies du régiment combiné, prend position devant le palais. J'aperçois également des marins de l'équipage de la garde et des cosaques de l'escorte. Les grilles du parc ont été occupées par des postes renforcés, les hommes sur quatre rangs, prêts à tirer.

A ce moment nous apprenons par téléphone que les mutins s'avancent dans notre direction et qu'ils viennent de tuer un factionnaire à moins de 500 mètres du palais. Les coups de fusil se font de plus en plus rapprochés, une collision semble inévitable. L'impératrice, affolée à l'idée que le sang va être répandu sous ses yeux, sort avec Marie Nicolaïévna et s'approche des soldats pour les exhorter au calme. Elle supplie qu'on parlemente avec les insurgés. Le moment est solennel. L'angoisse étreint tous les cœurs. Une imprudence, et c'est le corps à corps suivi de carnage. Cependant, des officiers s'interposent des deux côtés et l'on se met à discuter. Les paroles de leurs anciens chefs et l'attitude résolue de ceux qui sont restés fidèles en imposent aux mutins.

L'excitation tombe peu à peu et l'on finit par déterminer une zone neutre entre les deux camps.

La nuit se passe ainsi et, le matin, des ordres formels du gouvernement provisoire viennent mettre fin à cette situation angoissante.

Dans l'après-midi Sa Majesté fait appeler le grand-duc Paul et lui demande s'il sait où est l'empereur. Le grand-duc l'ignore. Aux questions que l'impératrice lui pose sur la situation, il répond que, seul, l'octroi immédiat d'une constitution peut encore, à son avis, conjurer le danger. L'impératrice se range à cette opinion, mais elle est impuissante, car, depuis la veille, elle ne peut plus communiquer avec l'empereur.

La journée du 15 se passe dans l'attente oppressée des événements. Dans la nuit, à 3 h. 1/2, le docteur Botkine est appelé au téléphone par un des membres du gouvernement provisoire qui lui demande des nouvelles d'Alexis Nicolaïévitch. (Le bruit de sa mort s'était répandu en ville, comme nous l'apprenons plus tard.)

Le supplice de l'impératrice continue le lendemain. C'est le troisième jour qu'elle est sans nouvelles de l'empereur et son angoisse s'augmente du fait de son inaction forcée [1].

A la fin de l'après-midi, la nouvelle de l'abdication de l'empereur parvient au palais. L'impératrice la repousse comme un bruit mensonger. Mais un peu plus tard le grand-duc Paul vient la lui confirmer. Elle se refuse encore à y croire et c'est seulement sur les précisions qu'il lui donne que Sa Majesté se rend enfin à l'évidence. L'empereur a abdiqué la veille au soir à Pskof en faveur de son frère, le grand-duc Michel.

Le désespoir de l'impératrice dépasse tout ce qu'on peut imaginer. Mais son grand courage ne l'abandonne pas. Je la revois, le soir, chez Alexis Nicolaïévitch. Son

---

1. Les tortures de l'impératrice en ces jours de mortelle angoisse où, sans nouvelles de l'empereur, elle se désespérait au chevet de son enfant malade, dépassèrent tout ce qu'on peut imaginer. Elle avait atteint la limite extrême de la résistance humaine c'était la dernière épreuve d'où allait se dégager cette merveilleuse, cette lumineuse sérénité qui devait la soutenir, elle et les siens, jusqu'au jour de leur mort.

visage est ravagé, mais, par une force de volonté presque surhumaine, elle a tenu à venir comme d'habitude auprès des enfants, afin que rien ne trouble les jeunes malades qui ignorent tout ce qui s'est passé depuis le départ de l'empereur pour le G. Q. G.

Tard dans la nuit, nous apprenons que le grand-duc Michel s'est désisté et que c'est l'Assemblée constituante qui devra décider du sort de la Russie.

Je retrouve le lendemain l'impératrice chez Alexis Nicolaïévitch. Elle est calme, mais très pâle. Elle a effroyablement maigri et vieilli en ces quelques jours.

L'après-midi, Sa Majesté reçoit un télégramme de l'empereur où il cherche à la tranquilliser et lui annonce qu'il attend à Mohilef l'arrivée prochaine de l'impératrice douairière.

Trois jours passent. Le 21, à 10 h. 1/2 du matin, Sa Majesté me fait appeler et me dit que le général Kornilof est venu lui faire savoir, de la part du gouvernement provisoire, que l'empereur et elle sont mis en état d'arrestation, et que tous ceux qui ne veulent pas accepter le régime de la prison doivent avoir quitté le palais avant quatre heures. Je réponds que je suis décidé à rester.

— L'empereur rentre demain, il faut avertir Alexis, il faut tout lui dire... Voulez-vous le faire ? Moi je vais aller parler aux petites.

On voit combien elle souffre à l'idée de l'émotion qu'elle va causer aux grandes-duchesses, malades, en leur annonçant l'abdication de leur père, émotion qui risque d'aggraver leur état.

Je rentre chez Alexis Nicolaïévitch et je lui dis que l'empereur va revenir le lendemain de Mohilef et qu'il n'y retournera plus.

— Pourquoi ?

— Parce que votre papa ne veut plus être commandant en chef.

Cette nouvelle l'affecte vivement, car il aimait beaucoup à aller au G. Q. G.

Au bout d'un certain temps, j'ajoute :

— Vous savez, Alexis Nicolaïévitch, votre père ne
veut plus être empereur.

Il me regarde, étonné, cherchant à lire sur ma figure
ce qui se passe.

— Comment ? Pourquoi ?

— Parce qu'il est très fatigué et qu'il a eu de grandes
difficultés ces derniers temps.

— Ah ! oui ! Maman m'a dit qu'on avait arrêté son
train quand il voulait venir ici. Mais papa sera de
nouveau empereur après ?

Je lui explique alors que l'empereur a abdiqué en
faveur du grand-duc Michel, lequel s'est désisté à son
tour.

— Mais alors, qui est-ce qui sera empereur ?

— Je ne sais pas, maintenant personne...

Pas un mot sur lui, pas une allusion à ses droits
d'héritier. Il est très rouge et ému.

Au bout de quelques minutes de silence, il me dit :

— Mais alors, s'il n'y a plus d'empereur, qui est-ce
qui va gouverner la Russie ?

Je lui explique qu'il s'est formé un gouvernement
provisoire qui devra s'occuper des affaires de l'État
jusqu'à la réunion de l'Assemblée constituante et qu'a-
lors, peut-être, son oncle Michel montera sur le trône.

Une fois de plus, je suis frappé de la modestie de cet
enfant.

A quatre heures, la porte du palais se ferme. Nous

sommes prisonniers ! Le régiment combiné a été relevé par un régiment de la garnison de Tsarskoïé-Sélo, et les soldats qui sont en faction ne sont plus là pour nous protéger, mais pour nous garder.

Le 22, à onze heures du matin, l'empereur arrive enfin, accompagné du prince Dolgorouky, maréchal de la cour. Il monte immédiatement chez les enfants où l'impératrice l'attend.

Après le déjeuner, il entre dans la chambre d'Alexis Nicolaïévitch, où je me trouve à ce moment, et m'aborde avec sa simplicité et sa bienveillance habituelles. Mais, à voir son visage pâli et amaigri, on comprend combien il a effroyablement souffert, lui aussi, pendant son absence.

Le retour de l'empereur fut, malgré les circonstances, un jour de grand bonheur pour les siens. L'impératrice et Marie Nicolaïévna, aussi bien que les enfants malades, lorsqu'ils avaient été mis au courant de la situation, avaient éprouvé à son sujet tant de crainte et d'anxiété ! C'était pour eux une grande consolation de se trouver tous réunis alors qu'ils étaient si durement éprouvés. Il leur semblait que leur douleur en était allégée et que l'immense amour qu'ils avaient les uns pour les autres était une force capable de leur faire supporter toutes les souffrances.

Malgré la maîtrise de soi qui lui était habituelle, l'empereur n'arrivait pas à cacher son profond ébranlement, mais il se remettait rapidement au milieu de l'affection des siens. Il leur consacrait la majeure partie de ses journées et, le reste du temps, il lisait ou se promenait avec le prince Dolgorouky. On lui avait interdit, au début, l'accès du parc et on ne lui avait laissé que la jouissance d'un petit jardin attenant au palais, encore couvert de neige et entouré d'un cordon de sentinelles. Mais l'empereur acceptait toutes ces rigueurs avec une sérénité et une grandeur d'âme remarquables. Jamais un mot de reproche ne sortit de ses lèvres. C'est qu'un sentiment dominait son être, plus puissant même que les liens qui l'attachaient aux siens : l'amour de son pays. On sentait qu'il était prêt à tout pardonner à ceux qui lui infligeaient ces humiliations, s'ils étaient capables de sauver la Russie.

L'impératrice passait presque tout son temps étendue sur une chaise longue dans la chambre des grandes-duchesses ou chez Alexis Nicolaïévitch. Les émotions et les angoisses l'avaient épuisée physiquement, mais, depuis le retour de l'empereur, un grand apaisement moral s'était fait en elle et elle vivait d'une vie intérieure très intense, parlant peu, cédant enfin à ce besoin impérieux de repos qui la sollicitait depuis longtemps. Elle était heureuse de ne plus avoir à lutter, et de pouvoir se consacrer tout entière à ceux qu'elle aimait d'un si grand amour. Seule Marie Nicolaïévna lui donnait encore de l'inquiétude. Elle était tombée malade beaucoup plus tard que ses sœurs et son état s'était aggravé par suite d'une pneumonie de nature fort pernicieuse ; son organisme, quoique très robuste, avait de la peine à reprendre le dessus. Elle était, d'ailleurs, victime de sa propre générosité. Cette jeune fille de dix-sept ans s'était dépensée sans compter pendant les journées révolutionnaires. Elle avait été le plus ferme soutien de sa mère. Dans la nuit du 13 mars, elle avait commis l'imprudence de sortir avec l'impératrice pour aller parler aux soldats, s'exposant ainsi au froid, alors qu'elle ressentait les premières atteintes de la maladie.

Par bonheur, les autres enfants allaient mieux et se trouvaient déjà en pleine période de convalescence.

Notre captivité à Tsarskoïé-Sélo ne semblait pas devoir être de longue durée et il était question de notre prochain transfert en Angleterre. Mais les jours passaient et notre départ était sans cesse renvoyé. C'est que le gouvernement provisoire était obligé de compter avec les éléments avancés et qu'il sentait son autorité lui échapper peu à peu. Nous n'étions pourtant qu'à quelques heures de chemin de fer de la frontière finlandaise, et la nécessité de passer par Pétrograd était le seul obstacle sérieux. Il semblait donc qu'en agissant avec décision et dans le plus grand secret, il n'eût pas été difficile de faire gagner à la famille impériale un des ports de la Finlande et de l'emmener à l'étranger. Mais on avait peur des responsabilités et personne n'osait se compromettre. La fatalité, une fois de plus, faisait bonne garde !

CHAPITRE XVIII

CINQ MOIS DE CAPTIVITÉ A TSARSKOIÉ-SÉLO

(Mars-Août 1917

La famille impériale demeura à Tsarskoïé-Sélo jusqu'au mois d'août 1917. Pendant les cinq mois de cet
internement, que je passai auprès d'elle, j'ai tenu un
journal de notre vie commune. On comprendra qu'un
sentiment de délicatesse m'empêche de le reproduire
intégralement. Je tiens à éviter autant que possible de
mettre en cause les vivants. Je me départirai néanmoins
de cette réserve lorsqu'il s'agira d'épisodes faisant ressortir le caractère de l'empereur et des siens, ou les
sentiments qui les animaient pendant ces longs mois
d'épreuve [1].

Dimanche 1ᵉʳ avril. — Alexis Nicolaïévitch se sentant
beaucoup mieux, nous sommes allés ce matin à l'église
où se trouvaient déjà Leurs Majestés, les grandes-duchesses Olga et Tatiana et les quelques personnes de
la suite qui partagent notre captivité. Lorsque le prêtre

---

1. Les pages qui vont suivre, ainsi que celles du chapitre précédent,
ont paru dans *l'Illustration* en décembre 1920 et janvier 1921. Je donne
cependant ici des extraits plus nombreux de mon journal. En outre,
j'ai complété certaines parties de mon récit et fait quelques retouches
de détail.

L'EMPEREUR, SES ENFANTS ET LEURS COMPAGNONS DE CAPTIVITÉ ENTRE-
PRENNENT DE TRANSFORMER UNE PELOUSE DU PARC EN JARDIN POTAGER.
MAI 1917.

Près de la petite construction en planches, l'Impératrice en blanc, avec une ombrelle,
et deux des Grandes-Duchesses. Au troisième plan, à droite, l'Empereur Nicolas II.
Au fond, le Palais Alexandre.

L'EMPEREUR TRAVAILLANT AU JARDIN POTAGER ; DERRIÈRE
LUI, L'OFFICIER DE GARDE ; A DROITE, LE MATELOT NAGORNY ;
AU FOND, LA COMTESSE HENDRIKOF.

L'IMPÉRATRICE, EN FAUTEUIL ROULANT, TRAVAILLE A UN OU-
VRAGE DE BRODERIE, EN REGARDANT SA FAMILLE JARDINER.

LA GRANDE-DUCHESSE TATIANA, AIDÉE D'UN SOLDAT DE LA GARDE, TRANSPORTANT, SUR UNE CIVIÈRE, DES MOTTES DE GAZON.

L'EMPEREUR ET LE DOMESTIQUE IOURAVSKY SCIANT LE TRONC D'UN ARBRE QU'ILS VIENNENT D'ABATTRE.

LES GRANDES-DUCHESSES TATIANA ET ANASTASIE POUSSANT
UN TONNEAU D'ARROSAGE JUSQU'AU JARDIN POTAGER. JUIN 1917.

L'ENTOURAGE DE LA FAMILLE IMPÉRIALE A TSARSKOÏÉ-SÉLO,
PENDANT L'ÉTÉ DE 1917.
De gauche à droite, derrière la comtesse Benkendorf assise : le prince
Dolgorouky, la comtesse Hendrikof, la baronne de Buxhoeveden,
Mlle Schneider, le comte Benkendorf et le Dr Dérévenko.

a prié pour le succès de l'armée russe et des armées alliées, l'empereur et l'impératrice se sont mis à genoux et toute l'assemblée a suivi leur exemple.

Il y a quelques jours, comme je sortais de chez Alexis Nicolaïévitch, j'ai rencontré une dizaine de soldats qui rôdaient dans le couloir. Je m'approchai d'eux et leur demandai ce qu'ils voulaient.

— Nous voulons voir l'héritier.

— Il est au lit et on ne peut pas le voir.

— Et les autres ?

— Ils sont aussi souffrants.

— Et le tsar, où est-il ?

— Je ne sais pas.

— Ira-t-il se promener ?

— Je l'ignore, mais, allons, ne restez pas ici, il ne faut pas faire de bruit à cause des malades !

Ils sont alors retournés sur leurs pas, marchant sur la pointe des pieds et parlant à voix basse. Les voilà donc, ces soldats que l'on nous dépeint comme de farouches révolutionnaires, haïssant leur ex-empereur !

Mardi 3 avril. — Kérensky est venu aujourd'hui pour la première fois au palais. Il a parcouru toutes les chambres et vérifié tous les postes de sentinelles, voulant s'assurer par lui-même que nous sommes bien gardés. Avant de partir, il a eu un assez long entretien avec l'empereur et l'impératrice.

Mercredi 4 avril. — Alexis Nicolaïévitch m'a raconté l'entretien que Kérensky a eu hier avec l'empereur et l'impératrice.

Toute la famille était réunie dans les appartements des grandes-duchesses. Kérensky entre et se présente en disant :

— Je suis le procureur général Kérensky.

Puis il serre la main à tout le monde. Se tournant ensuite vers l'impératrice, il lui dit :

— La reine d'Angleterre fait demander des nouvelles de l'ex-impératrice.

Sa Majesté rougit violemment. C'est la première fois qu'on la désigne de la sorte. Elle répond qu'elle ne va pas mal, mais qu'elle souffre du cœur, comme d'habitude. Kérensky reprend :

— Ce que je commence, je le poursuis toujours jusqu'au bout, avec toute mon énergie. J'ai voulu tout voir par moi-même, tout contrôler, afin de pouvoir le rapporter à Pétrograd, et cela vaudra mieux pour vous.

Ensuite il prie l'empereur de passer dans la chambre voisine, parce qu'il désire lui parler en tête à tête. Il entre le premier, et l'empereur le suit.

Après son départ, l'empereur raconte qu'à peine seul avec lui, Kérensky lui dit :

— Vous savez que je suis arrivé à faire abolir la peine de mort... Je l'ai fait, bien qu'un grand nombre de mes camarades aient péri victimes de leurs convictions.

Voulut-il par là faire étalage de sa magnanimité et insinuer qu'il sauve la vie à l'empereur quoique celui-ci ne l'ait pas mérité ?

Il parle ensuite de notre départ qu'il espère encore pouvoir organiser. Quand, où, comment ? Il n'en sait rien lui-même, et il demande qu'on n'en parle pas.

Pour Alexis Nicolaïévitch le choc a été très rude. Il ne s'était pas encore rendu compte de leur nouvelle situation. C'est la première fois qu'il voit son père recevoir des ordres et obéir comme un subordonné.

Détail à noter, Kérensky est arrivé au palais dans une

des automobiles particulières de l'empereur, et conduit par un chauffeur du garage impérial.

Vendredi 6 avril. — L'empereur m'a fait part aujourd'hui de la profonde tristesse qu'il ressent en lisant les journaux. C'est la ruine de l'armée ; plus de hiérarchie ni de discipline. Les officiers craignent leurs soldats et sont espionnés par eux. On sent que l'empereur souffre beaucoup de l'effondrement de cette armée qu'il aime tant.

Dimanche 8 avril. — Après la messe, Kérensky annonce à l'empereur qu'il est obligé de le séparer de l'impératrice, qu'il devra vivre à part et ne pourra voir Sa Majesté qu'aux repas et à la condition qu'on parle exclusivement russe. Le thé pourra également être pris en commun, mais en présence d'un officier, puisqu'aucun domestique n'y assiste.

Un peu plus tard, l'impératrice, très émue, s'approche de moi et me dit :

— Agir comme cela vis-à-vis de l'empereur, lui faire cette vilenie après qu'il s'est sacrifié et qu'il a abdiqué pour éviter la guerre civile, comme c'est mal, comme c'est mesquin ! L'empereur n'a pas voulu que le sang d'un seul Russe fût versé pour lui. Il a toujours été prêt à renoncer à tout s'il avait eu la certitude que c'était pour le bien de la Russie.

Au bout d'un instant elle a repris :

— Oui, il faut supporter encore cette horrible amertume.

Lundi 9 avril. — J'apprends que Kérensky avait d'abord l'intention d'isoler l'impératrice, mais qu'on lui a fait remarquer qu'il était inhumain de séparer une mère de ses enfants malades ; c'est alors qu'il s'est décidé à prendre cette mesure contre l'empereur.

13 *avril, vendredi saint*. — Le soir, toute la famille se confesse.

Samedi 14 *avril*. — Le matin, à neuf heures et demie, messe et sainte communion. Le soir, à onze heures et demie, tout le monde se réunit à l'église pour le service de nuit. Le colonel Korovitchenko, commandant du palais et ami de Kérensky, et les trois officiers de la garde sont aussi présents. L'office dure jusqu'à deux heures, puis l'on se rend dans la bibliothèque pour y échanger les félicitations traditionnelles. L'empereur, selon la coutume russe, embrasse tous les hommes présents, y compris le commandant du palais et l'officier de la garde qui est resté avec lui. Ces deux hommes ne peuvent cacher l'émotion qu'ils ressentent à ce geste spontané.

On prend ensuite place autour d'une table ronde pour le repas de la nuit de Pâques. Leurs Majestés sont en face l'une de l'autre. Nous sommes dix-sept personnes, y compris les deux officiers. Les grandes-duchesses Olga et Marie sont absentes, ainsi qu'Alexis Nicolaïévitch. L'animation relative qui régnait au début tombe rapidement et la conversation languit. Sa Majesté est particulièrement silencieuse. Est-ce tristesse ou fatigue ?

Dimanche 15 *avril, Pâques*. — Nous sortons pour la première fois avec Alexis Nicolaïévitch sur la terrasse devant le palais. Superbe journée de printemps.

Le soir, à sept heures, service religieux en haut, dans les appartements des enfants. Nous ne sommes qu'une quinzaine de personnes. Je remarque que l'empereur se signe pieusement au moment où le prêtre prie pour le gouvernement provisoire.

Le lendemain, le temps étant très beau, nous sortons dans le parc où l'on nous autorise maintenant à nous promener, suivis d'officiers de la garde et de factionnaires.

Désirant prendre un peu d'exercice physique, nous nous amusons à dégager, de la glace qui les recouvre, les écluses de l'étang. Une foule de soldats et de civils ne tarde pas à s'assembler le long de la grille du parc et nous regarde travailler. Au bout d'un certain temps, l'officier de garde s'approche de l'empereur et lui dit que le commandant de la garnison de Tsarskoïé-Sélo vient de l'avertir qu'il craint une manifestation hostile ou même un attentat contre les membres de la famille impériale, et qu'il nous demande de ne pas rester à l'endroit où nous sommes. L'empereur lui répond qu'il n'a aucune crainte et que ces braves gens ne le gênent nullement.

Mercredi 18 *avril*. — Toutes les fois que nous sortons, quelques soldats, baïonnette au canon, commandés par un officier, nous entourent et nous suivent pas à pas. Nous avons l'air de forçats au milieu de leurs gardiens. Les instructions changent tous les jours, ou peut-être les officiers les interprètent-ils chacun à sa façon !

Comme nous rentrions cet après-midi au palais, après notre promenade, la sentinelle en faction devant la porte a arrêté l'empereur en lui disant :

— Mon colonel, on ne passe pas.

L'officier qui nous accompagnait est alors intervenu. Alexis Nicolaïévitch a rougi très fort en voyant le soldat arrêter son père.

Vendredi 20 *avril*. — Nous nous promenons maintenant régulièrement deux fois par jour : le matin de onze heures à midi, et l'après-midi de deux heures et demie à cinq heures. Tout le monde se réunit dans la salle en hémicycle et nous attendons que le commandant de la garde vienne nous ouvrir les portes qui donnent sur le parc. Nous sortons ; l'officier de service et les soldats emboîtent le pas derrière nous et entourent l'endroit où nous nous arrêtons pour travailler. L'impératrice et les grandes-duchesses Olga et Marie gardent encore la chambre.

Dimanche 22 avril. — Interdiction d'aller jusqu'à l'étang ; nous devons rester près du palais et ne pas dépasser le rayon qui nous a été fixé. Nous apercevons de loin une foule de plusieurs centaines de curieux qui cherchent à nous voir.

Mercredi 25 avril. — Kérensky est revenu au palais. Le docteur Botkine en a profité pour lui demander s'il ne serait pas possible de transférer la famille impériale à Livadia, à cause de la santé des enfants. Kérensky répond que c'est tout à fait impossible pour le moment. Il se rend ensuite chez Leurs Majestés, où il reste assez longtemps. L'attitude de Kérensky vis-à-vis de l'empereur n'est plus ce qu'elle était au début et il ne se donne plus des airs de justicier. Je suis persuadé qu'il commence à comprendre ce qu'est l'empereur et à subir son ascendant moral, comme c'est le cas pour tous ceux qui l'approchent. Kérensky a demandé aux journaux de mettre fin à la campagne qu'ils mènent contre l'empereur et surtout contre l'impératrice. Ces calomnies ne font que verser de l'huile sur le feu. Il a le sentiment de sa responsabilité à l'égard des captifs. Cependant pas un mot sur notre départ pour l'étranger. Cela prouve son impuissance.

Dimanche 29 avril. — Le soir, longue conversation avec Leurs Majestés au sujet des leçons d'Alexis Nicolaïévitch. Il faut bien trouver une solution, puisque nous n'avons plus de professeurs. L'empereur se chargera de l'histoire et de la géographie et l'impératrice de la religion. Les autres branches seront réparties entre la baronne Buxhoeveden (anglais), Mlle Schneider (arithmétique), le docteur Botkine (russe) et moi.

Lundi 30 avril. — Ce matin, l'empereur en m'abordant m'a salué d'un : « Bonjour, mon cher collègue. » — Il vient de donner sa première leçon à Alexis Nicolaïévitch. — Toujours la même sérénité, le même souci de se montrer affectueux envers ceux qui partagent son infortune. Il est pour nous un exemple et un encouragement.

J'ai donné à Tatiana Nicolaïevna pour le faire lire à ses parents l'article des *Débats* signé A. G. (Auguste Gauvain), du 18 mars 1917.

On sent que le régime auquel nous sommes soumis devient toujours plus sévère.

Mardi 1er mai. — C'est la première fois que la Russie fête le 1er mai. Nous entendons le bruit des fanfares et voyons passer le long des grilles du parc de longs cortèges de manifestants.

Ce soir, l'empereur m'a rendu le *Journal des Débats* qui parle de son abdication. Il me dit que l'impératrice et lui ont lu avec plaisir cet article où l'on cherche à être équitable envers lui, et dont le ton contraste avec celui des journaux anglais.

Jeudi 3 mai. — L'empereur me dit le soir que les nouvelles ne sont pas bonnes ces derniers jours. Les partis extrémistes exigent que la France et l'Angleterre déclarent vouloir faire la paix « sans annexion ni contribution ». Les déserteurs sont de plus en plus nombreux et l'armée fond. Le gouvernement provisoire aura-t-il la force de continuer la guerre ?

L'empereur suit avec un intérêt poignant les événements ; il est inquiet, mais il espère encore que le pays se ressaisira et restera fidèle aux Alliés.

Dimanche 13 mai. — C'est le second jour que nous nous occupons à créer un jardin potager dans une des pelouses du parc. Nous avons commencé par enlever le gazon dont nous transportons les mottes sur des civières pour les mettre en tas. Tout le monde s'est mis au travail : la famille, nous, et les domestiques qui, depuis quelque temps, sortent avec nous. Plusieurs soldats de la garde sont même venus nous aider !

L'empereur a l'air très préoccupé ces derniers jours. Il m'a dit en rentrant de la promenade :

— Il paraît que Roussky a donné sa démission. Il avait demandé à ce qu'on passât à l'offensive (on prie, on n'ordonne plus !) ; les comités de soldats ont refusé. Si c'est vrai, c'est la fin ! Quelle honte ! Se défendre et ne pas attaquer, cela équivaut à un suicide ! Nous allons laisser écraser nos Alliés, puis ce sera notre tour.

Lundi 14 mai. — L'empereur est revenu sur notre conversation de la veille et il a ajouté :

— Ce qui me donne un peu d'espoir, c'est que chez nous on aime à exagérer. Je ne puis croire qu'au front l'armée soit ce qu'on dit ; en deux mois elle ne peut être tombée à ce point.

Jeudi 18 mai. — Il semble que l'on sorte de la grave crise gouvernementale qui dure depuis une quinzaine de jours. Les nouvelles de Pétrograd paraissent être moins mauvaises. Le nouveau Conseil des ministres, reconstitué avec quelques représentants des soldats et des ouvriers, arrivera peut-être à établir son autorité. En attendant, l'anarchie gagne partout du terrain.

Samedi 19 *mai.* — Anniversaire de l'empereur (quarante-neuf ans), messe et félicitations.

Dimanche 27 *mai.* — Depuis quelque temps on ne nous donne que très peu de bois et il fait extrêmement froid partout. Mme Narichkine (grande-maîtresse de la cour) est tombée malade et on l'a emmenée aujourd'hui, son état de santé exigeant des soins qu'on ne peut lui donner ici. Elle est désespérée à l'idée de nous quitter, car elle sait qu'on ne lui permettra plus de rentrer au palais.

Samedi 2 *juin.* — Nous continuons à travailler tous les jours au jardin potager. Nous l'arrosons au moyen d'un tonneau que nous traînons à tour de rôle.

Dimanche 10 *juin.* — Les enfants jouaient il y a quelques jours sur leur île. (Ilôt artificiel, au milieu d'un petit lac.) Alexis Nicolaïévitch s'exerçait à manier son petit fusil auquel il tient beaucoup parce que c'est celui que l'empereur reçut de son père, quand il était enfant. Un officier s'approche de nous. Il m'avertit que les soldats ont décidé d'enlever au tsarévitch son fusil et qu'ils vont venir le lui prendre. En entendant cela, Alexis Nicolaïévitch pose son jouet et rejoint l'impératrice assise sur le gazon à quelques pas de nous. Un instant après, l'officier de service arrive avec deux soldats et exige qu'on leur remette « l'arme » qu'ils réclament. J'essaie de m'interposer et de leur faire comprendre qu'il s'agit non d'une arme, mais d'un jouet. Peine perdue : ils s'en emparent. Alexis Nicolaïévitch se met à sangloter. Sa mère me prie de tenter encore un effort pour convaincre les soldats, mais je ne réussis pas mieux que la première fois et ils s'éloignent avec leur trophée.

Une demi-heure plus tard l'officier de service m'attire à l'écart, et me prie de dire au tsarévitch qu'il est désolé de ce qu'il a dû faire. Ayant cherché en vain à dissuader les soldats, il a préféré venir lui-même avec eux, afin d'éviter quelque grossièreté de leur part.

Le colonel Kobylinsky [1] a été contrarié en apprenant l'incident, et il a rapporté pièce à pièce le petit fusil à Alexis Nicolaïévitch qui ne s'en sert plus que dans sa chambre.

Vendredi 15 *juin.* — Nous avons achevé depuis quelque temps le potager, qui est devenu superbe. Nous avons tous les légumes imaginables et cinq cents choux. Les domestiques ont créé à leur tour de l'autre côté du palais un jardin où ils pourront cultiver ce qu'ils voudront. Nous sommes allés leur aider à labourer, l'empereur aussi.

Pour occuper nos loisirs, maintenant que nous avons terminé nos travaux de jardinage, nous avons demandé et obtenu l'autorisation de couper les arbres secs du parc. Nous allons ainsi d'un endroit à l'autre, suivis par une garde qui se déplace avec nous. Nous commençons à devenir d'assez habiles bûcherons. Cela fera une provision de bois pour l'hiver prochain !

Vendredi 22 *juin.* — Comme les grandes-duchesses perdaient tous leurs cheveux à la suite de leur maladie, on leur a complètement rasé la tête. Lorsqu'elles sortent dans le parc, elles portent des chapeaux arrangés de manière à dissimuler la chose. Au moment où j'allais les photographier, sur un signe d'Olga Nicolaïévna, elles ont prestement enlevé leurs chapeaux. J'ai protesté, mais elles ont insisté, fort amusées à l'idée de se voir

1. Le colonel Kobylinsky remplaçait depuis peu le colonel Korovitchenko en qualité de commandant du palais.

représentées sous cet aspect et d'assister à la surprise indignée de leurs parents. — Leur humour reparaît, malgré tout, de temps en temps. C'est le fait de leur exubérante jeunesse.

Dimanche 24 juin. — Les jours se succèdent, tous semblables, partagés entre les leçons et les promenades. L'empereur m'a raconté ce matin un incident assez comique, qui est venu rompre la monotonie de notre réclusion.

Il lisait à haute voix, hier soir, dans la salle rouge où se trouvaient l'impératrice et les grandes-duchesses. Tout à coup, vers onze heures, entre un domestique qui, fort troublé, annonce que le commandant de la garde demande à être reçu immédiatement par l'empereur. Ce dernier pense qu'il s'agit d'événements très graves survenus à Pétrograd, — on attendait une grande manifestation en armes des bolchéviks contre le gouvernement provisoire, — et il donne l'ordre d'introduire. L'officier entre, accompagné de deux sous-officiers. Il explique qu'il a été appelé par le coup de feu d'une sentinelle qui, du parc, a remarqué des signaux rouges et verts partant de la chambre occupée par la famille. Ahurissement général. Quels signaux ? Que signifie tout cela ? Vive émotion chez l'impératrice et les grandes-duchesses. L'officier ordonne alors de fermer hermétiquement les rideaux — il fait une chaleur étouffante — et va pour se retirer. A ce moment un des sous-officiers qui l'accompagnent s'avance et donne l'explication du mystère. La grande-duchesse Anastasie Nicolaïévna est assise sur le bord de la fenêtre et travaille à l'aiguille. C'est elle qui, en se penchant pour prendre sur la table les petits objets dont elle a besoin pour son ouvrage, masque et démasque tour à tour deux lampes à abat-jour vert et rouge qui éclairent l'empereur. L'officier se retire confus.

Lundi 2 juillet. — Nous apprenons qu'une offensive a été déclenchée dans la région de Tarnopol et qu'elle se développe avec succès.

Mardi 3 juillet. — *Te Deum* à l'occasion des événements militaires qui semblent présager une grande victoire. L'empereur, radieux, apporte à Alexis Nicolaïévitch les journaux du soir et lui lit le texte des communiqués.

Jeudi 12 juillet. — Les nouvelles du front ne sont pas bonnes. L'offensive qui avait si heureusement débuté tourne au désavantage des Russes.

Dimanche 15 juillet. — Rien de nouveau dans notre captivité. Les seules distractions sont les promenades. Il fait très chaud et, depuis quelques jours, Alexis Nicolaïévitch se baigne dans l'étang qui entoure l'île des enfants. C'est une grande joie pour lui.

Mercredi 25 juillet. — L'échec prend des proportions toujours plus considérables. Le recul s'accentue. L'empereur en est très affecté.

Jeudi 9 août. — J'apprends que le gouvernement provisoire a décidé le transfert de la famille impériale. Le lieu de destination est tenu secret. Nous espérons tous que ce sera la Crimée.

Samedi 11 août. — On nous a fait savoir que nous devions nous munir de vêtements chauds. Ce n'est donc pas vers le Sud qu'on nous dirige. Grosse déception.

Dimanche 12 août (30 juillet v. s.). — Anniversaire d'Alexis Nicolaïévitch (treize ans). Sur la demande de l'impératrice, on a apporté pour la messe l'icône miraculeuse de la Sainte Vierge de l'église de Znamenia. Notre départ est fixé à demain. Le colonel Kobylinski me confie en grand secret que l'on nous transfère à Tobolsk.

Lundi 13 août. — Nous devons être prêts pour minuit, vient-on nous dire ; le train est commandé pour une heure. Derniers préparatifs. Visite d'adieu à l'île des enfants, au jardin potager, etc. Vers une heure du matin, tout le monde est réuni dans la salle en hémicycle, encombrée de bagages. Le grand-duc Michel est venu avec Kérensky et a eu une entrevue avec l'empereur qui a été très heureux de revoir son frère avant son départ.

Le train qui doit nous emmener n'est pas encore arrivé. Il paraît qu'il y a des complications avec les cheminots de Pétrograd qui soupçonnent qu'il est destiné à la famille impériale. Les heures passent dans une attente de plus en plus fatigante. Pourrons-nous partir ? On commence à en douter. (Cet incident montre l'impuissance du gouvernement.) Enfin, vers cinq heures, on nous annonce que tout est prêt. Nous prenons congé de ceux de nos compagnons de captivité qui ne peuvent pas partir avec nous [1]. Les cœurs se serrent à la pensée

1. C'étaient le comte et la comtesse Benckendorf que leur grand âge et l'état précaire de leur santé empêchaient de nous suivre ; la baronne de Buxhœveden retenue par la maladie et qui devait nous rejoindre, dès qu'elle le pourrait, à Tobolsk, et un certain nombre de serviteurs. Kérensky avait fait demander à l'empereur s'il désirait que le comte Benckendorf fût remplacé. L'empereur avait répondu que si le général Tatichtchef venait partager sa captivité, il en serait très heureux. En apprenant le désir de son souverain, le général Tatichtchef ne prit que le temps de mettre ordre à ses affaires, et quelques heures plus tard il partait, sa valise à la main, pour Tsarskoïé-Sélo. Nous le trouvâmes dans le train au moment du départ. Le général Tatichtchef n'avait aucune charge de cour ; il était un des nombreux généraux aides de camp de l'empereur.

de quitter Tsarskoïé-Sélo, auquel tant de souvenirs
nous attachent, et ce départ pour l'inconnu est empreint
d'une grande tristesse. Au moment où les automobiles
qui nous emportent sortent du parc, nous sommes
entourés par un détachement de cavalerie qui nous
escorte jusqu'à la petite gare d'Alexandrovka. Nous
prenons place dans les voitures qui sont très confor-
tables. Une demi-heure se passe, puis le train s'ébranle
lentement. Il est 6 heures moins 10.

———————

CHAPITRE XIX

NOTRE CAPTIVITÉ A TOBOLSK
(Août-Décembre 1917)

Quelles raisons avaient décidé le Conseil des ministres à transporter la famille impériale à Tobolsk ? Il est difficile de le déterminer. Lorsque Kérensky annonça ce transfert à l'empereur, il en expliqua la nécessité en disant que le gouvernement provisoire avait résolu de prendre des mesures énergiques contre les bolchéviks ; il allait en résulter une période de troubles et de conflits armés dont la famille impériale pouvait être la première victime ; il était donc de son devoir de la mettre à l'abri des événements. On a prétendu d'autre part que ce fut un acte de faiblesse vis-à-vis des extrémistes, qui, inquiets de voir se dessiner dans l'armée un mouvement en faveur de l'empereur, exigeaient son exil en Sibérie. Quoi qu'il en soit, le voyage de la famille impériale de Tsarskoïé-Sélo à Tobolsk s'effectua dans de bonnes conditions et sans incident notable.

Partis le 14 août à 6 heures du matin, nous atteignions le 17 au soir Tioumen — la station de chemin de fer la plus rapprochée de Tobolsk — et nous prenions place quelques heures plus tard sur le bateau *Rouss*.

Le lendemain, nous passions devant le village natal de Raspoutine, et la famille, réunie sur le pont, pouvait contempler la maison du *staretz* qui se détachait nettement au milieu des *isbas*. Cet événement n'avait rien qui dût la surprendre, car Raspoutine avait prédit que cela serait, et le hasard des circonstances semblait une fois de plus venir confirmer ses paroles prophétiques.

Le 19, vers la fin de l'après-midi, nous apercevions brusquement à l'un des tournants de la rivière la silhouette dentelée du Kremlin qui domine Tobolsk, et un peu plus tard nous arrivions à destination.

La maison qui devait nous recevoir n'étant pas prête, nous fûmes forcés de rester quelques jours sur le bateau qui nous avait amenés et, le 26 août seulement, nous nous installions dans notre nouvelle résidence.

La famille occupait tout le premier étage de la maison du gouverneur, construction spacieuse et confortable. La suite habitait la maison Kornilof, appartenant à un riche marchand de Tobolsk, qui se trouvait de l'autre côté de la rue et presque en face de la première. La garde était formée de soldats des anciens régiments de tirailleurs de la famille impériale, qui étaient venus de Tsarskoïé-Sélo avec nous. Ils étaient sous les ordres du colonel Kobylinsky, homme de cœur qui s'était sincèrement attaché à ceux dont il avait la surveillance ; il fit tout ce qu'il put pour adoucir leur sort.

Au début, les conditions de notre captivité furent assez semblables à celles de Tsarskoïé-Sélo. Nous avions tout le nécessaire. L'empereur et les enfants souffraient néanmoins du manque d'espace. Ils ne disposaient en effet pour leurs promenades que d'un potager fort exigu, et d'une cour qu'on avait créée en entourant d'une clôture une rue très large et peu fréquentée

CAPTIVITÉ DE TOBOLSK

A TOBOLSK, OU ILS FURENT INTERNÉS DE SEPTEMBRE 1917 A AVRIL 1918,
LE TSAR ET SES ENFANTS ALLAIENT CHERCHER UN RAYON DU SOLEIL
SIBÉRIEN SUR LA TOITURE D'UNE SERRE.

De gauche à droite, les Grandes-Duchesses Olga et Anastasie, le Tsar et le Tsarévitch,
la Grande-Duchesse Tatiana, debout la Grande-Duchesse Marie. L'Impératrice.
souffrante, gardait la chambre.

MAISON DU GOUVERNEUR, A TOBOLSK, OU FUT INTERNÉE LA FAMILLE IMPÉRIALE.

Caserne des soldats qui gardaient l'Empereur.   Les Grandes-Duchesses Marie et Anastasie
Relève de la garde.   sur le balcon.

L'EMPEREUR SCIANT DU BOIS AVEC MOI, DEVANT LA PETITE SERRE AU-DESSUS DE LAQUELLE, A LA FIN DE L'HIVER. NOUS AVIONS CONSTRUIT DEUX BANCS RUSTIQUES POUR NOUS ASSEOIR PLUS COMMODÉMENT AU SOLEIL.

ALEXIS NICOLAÏÉVITCH ASSIS SUR L'ESCALIER DE LA MAISON DU GOUVERNEUR ; A COTÉ DE LUI, LE FILS DU Dr DÉRÉVENKO QUE L'ON AUTORISAIT, AU DÉBUT DE NOTRE SÉJOUR, A VENIR PARFOIS JOUER AVEC LE TSARÉVITCH.

DEVANT LA PORTE PRINCIPALE DE LA MAISON DU GOUVERNEUR,
PENDANT LA PROMENADE DANS LA COUR.
Les quatre Grandes-Duchesses. Le Tsarévitch. L'off. de garde. L'Empereur.

LE SALON DE L'IMPÉRATRICE.
AUX MURS LES PORTRAITS DES ENFANTS.

bordant au sud-est la maison d'habitation. C'était bien peu, et l'on y était exposé aux regards des soldats, dont la caserne dominait tout l'espace qui nous était réservé. Par contre les personnes de l'entourage et les domestiques étaient plus libres qu'à Tsarskoïé-Sélo, du moins au début, et pouvaient aller en ville ou dans les environs immédiats.

En septembre arriva à Tobolsk le commissaire Pankratof, envoyé par Kérensky. Il était accompagné de on adjoint Nikolsky, comme lui ancien déporté politique. Pankratof était un homme assez instruit, de caractère doux, le type du sectaire illuminé. Il fit bonne impression sur l'empereur et par la suite se prit d'affection pour les enfants. Mais Nikolsky était une véritable brute dont l'action fut des plus néfastes. Borné et entêté, il s'ingéniait à inventer chaque jour de nouvelles vexations. Dès son arrivée il exigea du colonel Kobylinsky que l'on nous obligeât à nous faire photographier. Comme ce dernier lui objectait que c'était superflu puisque tous les soldats nous connaissaient, — c'étaient les mêmes qui nous avaient gardés à Tsarskoïé-Sélo, — il lui répondit : « On nous a forcés à le faire jadis, maintenant c'est à leur tour. » Il fallut en passer par là et nous eûmes depuis ce moment notre carte d'identité avec photographie et numéro matricule.

Les services religieux eurent lieu d'abord à la maison, dans la grande salle du premier étage. Le prêtre de l'église de l'Annonciation, son diacre et quatre nonnes du couvent Yvanovsky étaient autorisés à venir pour l'office. Mais, comme il n'y avait pas d'autel consacré, il était impossible de célébrer la messe. C'était là une grande privation pour la famille. Enfin, le 21 septembre, à l'occasion de la fête de la Nativité de la Vierge, on autorisa pour

la première fois les prisonniers à se rendre à l'église.
Ils en éprouvèrent beaucoup de joie, mais cette consolation ne devait se renouveler que bien rarement.

Ces jours-là on se levait de très bonne heure et,
quand tout le monde était réuni dans la cour, on sortait
par une petite porte donnant sur le jardin public que
l'on traversait entre deux haies de soldats. Nous n'avons
jamais assisté qu'à la première messe du matin, presque
seuls dans cette église à peine éclairée par quelques cierges ; le public était rigoureusement exclu. Il m'est
arrivé souvent à l'aller ou au retour de voir des gens
se signer ou tomber à genoux au passage de Leurs
Majestés. D'une manière générale, les habitants de
Tobolsk étaient restés très attachés à la famille impériale et nos gardiens durent à maintes reprises intervenir pour les empêcher de stationner sous les fenêtres
ou de se découvrir et de faire le signe de la croix en
passant devant la maison.

Cependant notre vie s'organisait peu à peu et nous
étions arrivés, en mobilisant toutes les bonnes volontés,
à reprendre l'instruction du tsarévitch et des deux plus
jeunes des grandes-duchesses. Les leçons commençaient
à neuf heures et étaient interrompues de onze heures
à midi pour une promenade à laquelle l'empereur prenait toujours part. Comme il n'y avait pas de salle
d'étude, l'enseignement se faisait soit dans la grande
salle du premier étage, soit chez Alexis Nicolaïévitch,
ou dans ma chambre — j'habitais au rez-de-chaussée
l'ancien cabinet du gouverneur. A une heure, tout le
monde se réunissait pour le déjeuner. Toutefois l'impératrice, lorsqu'elle était souffrante, prenait souvent ses
repas chez elle avec Alexis Nicolaïévitch. Vers deux

heures, nous sortions de nouveau, et l'on se promenait
ou l'on jouait jusqu'à quatre heures.

L'empereur souffrait beaucoup du manque d'exercice
physique. Le colonel Kobylinsky auquel il s'en était
plaint fit amener des troncs de bouleaux, acheta des
scies et des haches, et nous pûmes préparer le bois dont
on avait besoin pour la cuisine et les poêles. Ce fut là
une de nos grandes distractions en plein air pendant
notre captivité de Tobolsk, et les grandes-duchesses
elles-mêmes s'étaient passionnées pour ce nouveau sport.

Après le thé les leçons reprenaient et se terminaient
vers six heures et demie. Le dîner avait lieu une heure
plus tard, puis on montait prendre le café dans la
grande salle. Nous avions tous été invités à passer la
soirée avec la famille et cela devint bientôt une habitude
pour plusieurs d'entre nous. On organisa des jeux et
l'on s'ingénia à trouver des distractions pour rompre
la monotonie de notre captivité. Lorsqu'il commença
à faire très froid et que la grande salle fut devenue
inhabitable, nous nous réfugiâmes dans la chambre
voisine qui était le salon de Sa Majesté, seule pièce
vraiment confortable de la maison. L'empereur lisait
souvent à haute voix pendant que les grandes-duchesses
travaillaient à l'aiguille ou jouaient avec nous. L'impératrice faisait habituellement une ou deux parties de
bésigue avec le général Tatichtchef, puis elle prenait à
son tour un ouvrage, ou restait étendue sur sa chaise
longue. Et c'est dans cette atmosphère de paix familiale
que nous passions les longues soirées d'hiver, comme
perdus dans l'immensité de cette Sibérie lointaine.

Une de nos plus grandes privations pendant notre
captivité de Tobolsk était l'absence presque absolue

de nouvelles. Les lettres ne nous parvenaient que très irrégulièrement et avec de grands retards. Quant aux journaux, nous en étions réduits à une méchante feuille locale, imprimée sur papier d'emballage, qui ne nous donnait que des télégrammes vieux de plusieurs jours et le plus souvent défigurés et tronqués. L'empereur, cependant, suivait avec angoisse les événements qui se déroulaient en Russie. Il comprenait que le pays courait à sa perte. Un moment l'espoir lui était revenu lorsque le général Kornilof avait offert à Kérensky de marcher sur Pétrograd pour mettre fin à l'agitation bolchéviste, qui devenait de plus en plus menaçante. Sa tristesse avait été immense de voir le gouvernement provisoire écarter cette ultime chance de salut. C'était là, il le comprenait, le seul moyen d'éviter encore, peut-être, l'imminente catastrophe.

J'entendis alors pour la première fois l'empereur regretter son abdication. Il avait pris cette décision dans l'espoir que ceux qui avaient voulu son éloignement seraient capables de mener à bien la guerre et de sauver la Russie. Il avait craint que sa résistance ne fût l'occasion d'une guerre civile en présence de l'ennemi et il n'avait pas voulu que le sang d'un seul Russe fût versé pour lui. Mais son départ n'avait-il pas été suivi à brève échéance de l'apparition de Lénine et de ses acolytes, agents soudoyés de l'Allemagne, dont la propagande criminelle avait détruit l'armée et corrompu le pays ? Il souffrait maintenant de voir que son renoncement avait été inutile et que, n'ayant eu en vue que le bien de sa patrie, il l'avait en réalité desservie en s'en allant. Cette idée devait le hanter toujours davantage et devenir pour lui, par la suite, une cause de grande anxiété morale.

Vers le 15 novembre, nous apprîmes que le gouvernement provisoire était renversé et que les bolchéviks s'étaient emparés du pouvoir. Mais cet événement n'eut pas de répercussion immédiate sur notre vie et ce ne fut, comme nous le verrons, que quelques mois plus tard que l'on songea à s'occuper de nous.

Les semaines passaient et les nouvelles qui nous parvenaient étaient de plus en plus mauvaises. Il nous était toutefois bien difficile de suivre les événements et d'en saisir la portée, car les données dont nous disposions ne nous permettaient ni d'en comprendre les causes ni d'en supputer les conséquences. Nous étions si loin, à tel point isolés du monde entier ! Et, si nous arrivions encore à savoir à peu près ce qui se passait en Russie, nous ignorions presque tout de l'Europe.

Cependant les doctrines bolchévistes avaient commencé leur œuvre de destruction dans le détachement qui nous gardait et qui jusque-là y avait assez bien résisté. Il était composé d'éléments très divers : les soldats du 1er et du 4e régiment étaient en majorité bien disposés pour la famille impériale et tout spécialement pour les enfants. Les grandes-duchesses, avec la simplicité qui faisait leur charme, aimaient à parler à ces hommes qu'elles sentaient comme elles rattachés au passé, elles les questionnaient sur leurs familles, leurs villages ou sur les combats auxquels ils avaient pris part pendant la grande guerre. Alexis Nicolaïévitch, qui était resté pour eux « l'héritier », avait, lui aussi, gagné leur cœur et ils s'employaient à lui faire plaisir et à lui procurer des distractions. Une section du 4e régiment, composée presque exclusivement de vieilles classes,

se faisait tout particulièrement remarquer par son attachement, et c'était toujours une joie pour la famille
de voir réapparaître ces braves gens. Ces jours-là l'empereur et les enfants se rendaient en cachette au corps
de garde et s'entretenaient ou jouaient aux dames avec
les soldats sans que jamais l'un d'entre eux se soit
départi de la plus stricte correction. C'est là qu'ils
furent surpris une fois par le commissaire Pankratof
qui s'arrêta stupéfait sur le pas de la porte, considérant
à travers ses lunettes ce spectacle imprévu. L'empereur
voyant son air déconcerté lui fit signe de venir s'asseoir
près de la table. Mais le commissaire ne se sentait
évidemment pas à sa place : il marmonna quelques
paroles inintelligibles et, tournant sur ses talons, s'en
fut tout déconfit.

Pankratof, je l'ai dit plus haut, était un sectaire imbu
de principes humanitaires ; ce n'était pas un mauvais
homme. Dès son arrivée, il avait organisé des leçons
pour les soldats, les initiant aux doctrines libérales et
s'efforçant de développer leur patriotisme et leur
civisme. Mais ses efforts se tournèrent contre lui. Adversaire convaincu des bolchéviks, il ne fit en réalité que
leur préparer le terrain et favoriser sans s'en rendre
compte le succès de leurs idées. Il devait en être, comme
on le verra, la première victime.

Les soldats du 2ᵉ régiment s'étaient dès le début fait
remarquer par leurs sentiments révolutionnaires ; à
Tsarskoïé-Sélo déjà ils avaient causé aux captifs de
nombreux ennuis. Le coup d'État bolchéviste vint
augmenter leur puissance et leur audace ; ils étaient
parvenus à obtenir la formation d'un « comité de soldats » qui tendait à apporter à notre régime de nou-

velles restrictions et à substituer peu à peu son autorité à celle du colonel Kobyliasky. Nous eûmes la preuve de son mauvais vouloir à l'occasion de l'arrivée de la baronne de Buxhoeveden (fin décembre, v. s.). Elle avait pris part à notre captivité de Tsarskoïé-Sélo et son état de santé seul l'avait empêchée de partir avec nous. A peine rétablie, elle vint, avec l'autorisation de Kérensky, rejoindre Sa Majesté. Le comité des soldats refusa net de la laisser entrer dans la maison et elle dut se loger en ville. Ce fut là un vif chagrin pour l'impératrice et pour toute la famille qui avaient attendu son arrivée avec une grande impatience.

Nous atteignîmes ainsi la fête de Noël.

L'impératrice et les grandes-duchesses avaient préparé de leurs mains, pendant de longues semaines, un cadeau pour chacun d'entre nous et pour chacun des domestiques. Sa Majesté distribua plusieurs gilets de laine qu'elle avait tricotés elle-même : ainsi, par des attentions touchantes, elle cherchait à témoigner sa reconnaissance à ceux qui étaient restés fidèles.

Le 24 décembre, le prêtre vint à la maison pour les vêpres ; tout le monde se réunit ensuite dans la grande salle, et la joie des enfants fut grande d'offrir la « surprise » qui nous était destinée. Nous ne formions plus, on le sentait, qu'une grande famille ; on s'efforçait d'oublier les préoccupations, les tristesses de l'heure, pour jouir sans arrière-pensée, en toute communion des cœurs, de ces moments d'intimité sereine.

Le lendemain, jour de Noël, nous nous rendîmes à l'église. Sur l'ordre du prêtre, le diacre entonna le *Mnogolétié* (prière pour la prolongation des jours de la famille impériale). C'était une imprudence qui ne

pouvait qu'attirer des représailles. Les soldats, avec
des menaces de mort, exigèrent la révocation du prêtre.
Cet incident troubla le souvenir bienfaisant qu'on eût
pu garder de cette journée. Il en résulta aussi pour nous
de nouvelles vexations et la surveillance se fit encore
plus rigoureuse.

CHAPITRE XX

FIN DE NOTRE CAPTIVITÉ A TOBOLSK

(Janvier-Mai 1918)

A partir du 1/14 janvier, j'ai repris mon journal que j'avais abandonné au moment de notre transfert à Tobolsk et je vais en donner quelques extraits comme je l'ai fait en relatant notre captivité de Tsarskoïé-Sélo.

Lundi 14 janvier (1er janvier v. s.). — Nous sommes allés ce matin à l'église et c'est le nouveau prêtre qui a officié pour la première fois. Quant au Père Vassilief (l'auteur de l'incident mentionné au chapitre précédent), il a été relégué au monastère d'Abalatsky par l'archevêque Hermogène.

Mercredi 16 janvier. — A deux heures de l'après-midi, le comité des soldats de notre garnison s'est réuni. Il a été décidé, par 100 voix contre 85, que l'on supprimerait aux officiers et aux soldats leurs épaulettes.

Jeudi 17 janvier. — Le colonel Kobylinsky est venu ce matin en costume civil, tant il lui répugne de porter son uniforme d'officier sans épaulettes.

Vendredi 18 janvier. — Le prêtre et les chanteurs [1] sont venus à trois heures. C'est aujourd'hui la cérémonie

---

1. Les quatre nonnes qui venaient chanter au début avaient été remplacées par la chapelle d'une des églises de Tobolsk.

de la bénédiction des eaux et c'est la première fois que le nouveau prêtre officie à la maison. Quand Alexis Nicolaïévitch eut baisé à son tour la croix que lui tendait le prêtre, celui-ci s'est penché et lui a donné un baiser sur le front. Après le dîner, le général Tatichtchef et le prince Dolgorouky s'approchent de l'empereur et le supplient d'enlever ses épaulettes, afin d'éviter une manifestation violente des soldats. On sent comme une révolte chez l'empereur, puis il échange un regard et quelques paroles avec l'impératrice ; il se domine et se résigne pour le salut des siens.

Samedi 17 janvier. — Nous sommes allés ce matin à l'église. L'empereur avait mis une pelisse caucasienne qui se porte toujours sans épaulettes. Quant à Alexis Nicolaïévitch, il avait caché les siennes sous son « bachelik » (sorte de cache-nez caucasien). L'impératrice m'a dit aujourd'hui que l'empereur et elle m'invitaient à prendre avec eux dorénavant le thé du soir [1] lorsque je ne me sentirais pas trop fatigué par mes leçons. Je ne me suis donc pas retiré lorsqu'à dix heures les grandes-duchesses sont rentrées chez elles. (Alexis Nicolaïévitch se couchait toujours à neuf heures.)

Lundi 21 janvier. — Abondante chute de neige, cette nuit. Nous avons commencé la construction d'une « montagne de glace ».

Vendredi 25 janvier (12 janvier v. s.). — Fête de Tatiana Nicolaïévna. *Te Deum* à la maison. Belle journée d'hiver, soleil, — 15° R. Nous avons continué, comme les jours précédents, à élever la montagne de

1 Leurs Majestés avaient l'habitude de retenir pour le thé, que l'impératrice servait elle-même, la comtesse Hendrikof, demoiselle d'honneur, le général Tatichtchef, le prince Dolgorouky et, quand leurs occupations le leur permettaient, Mlle Schneider et le docteur Botkine. Je suis actuellement le seul survivant de ces thés du soir à Tobolsk.

glace, et des soldats de la garde sont venus nous aider.

Mercredi 30 janvier. — Aujourd'hui, c'est le tour de la bonne section du 4ᵉ régiment. L'empereur et les enfants ont passé plusieurs heures avec les soldats dans le corps de garde.

Samedi 2 février. — 23° R. au-dessous de zéro. Le prince Dolgorouky et moi nous avons arrosé aujourd'hui la montagne de glace! Nous avons porté trente seaux. Il faisait si froid que l'eau gelait pendant le trajet du robinet de la cuisine à la montagne. Nos seaux et la montagne « fumaient ». Dès demain, les enfants pourront faire leurs glissades.

Lundi 4 février. — On dit que le thermomètre est descendu cette nuit au-dessous de —30° Réaumur (37° centigrades). Vent terrible. La chambre à coucher des grandes-duchesses est une véritable glacière.

Mercredi 6 février. — Il paraît que, sur l'initiative du 2ᵉ régiment, les soldats ont décidé que le commissaire Pankratof et son adjoint Nikolsky devaient quitter leur poste.

Vendredi 8 février. — Le comité des soldats a résolu cet après-midi de remplacer Pankratof par un commissaire bolchévik qu'on ferait venir de Moscou. Les affaires se gâtent de plus en plus. Il paraît que l'état de guerre a cessé entre la Russie soviétique d'une part, l'Allemagne, l'Autriche et la Bulgarie d'autre part. L'armée est dissoute, mais la paix n'a pas encore été signée par Lénine et Trotsky.

Mercredi 13 février. — L'empereur m'annonce que, par suite de la démobilisation de l'armée, plusieurs classes ont été licenciées. Tous les anciens soldats (les meilleurs) vont donc nous quitter. L'empereur a l'air très préoccupé de cette perspective ; le changement peut avoir pour nous des suites très fâcheuses.

Vendredi 15 février. — Un certain nombre de soldats sont déjà partis. Ils sont venus en cachette prendre congé de l'empereur et de la famille.

Au thé du soir, chez Leurs Majestés, le général Tatichtchef ayant exprimé, avec cette franchise qu'autorisaient les circonstances, son étonnement à constater combien intime et affectueuse était la vie de famille qui unissait entre eux l'empereur, l'impératrice et leurs enfants, l'empereur jeta en souriant un regard à l'impératrice :

— Tu entends ce que vient de dire Tatichtchef ?

Puis, avec sa bonté coutumière, que relevait une pointe d'ironie, il ajouta :

— Si vous, Tatichtchef, qui étiez mon général aide de camp, et qui aviez tant d'occasions de vous renseigner, vous nous connaissiez si mal, comment voulez-vous que l'impératrice et moi nous nous formalisions de ce qu'on dit de nous dans les journaux ?

Mercredi 20 février. — L'empereur m'annonce que les Allemands ont pris Reval, Rovno, etc.; et qu'ils continuent à avancer sur tout le front. On voit qu'il est profondément affecté.

Lundi 25 février. — Le colonel Kobylinsky a reçu un télégramme lui annonçant qu'à partir du 1er mars « Nicolas Romanof et les siens devaient être mis à la *ration des soldats,* et que chaque membre de la famille recevrait 600 roubles par mois prélevés sur les intérêts de leur fortune personnelle ». Jusqu'à présent toutes les dépenses étaient payées par l'État. Il va donc falloir faire marcher toute la maison avec 4.200 roubles par mois, puisque la famille se compose de sept personnes [1].

Mardi 26 février. — Sa Majesté m'a demandé de l'aider à tenir les comptes et à établir le budget de la famille. Il lui reste quelques économies qu'elle avait faites sur l'argent qu'elle recevait pour sa toilette.

Mercredi 27 février. — L'empereur nous annonce en plaisantant que, puisque tout le monde nomme des commissions, il va, lui aussi, en nommer une pour mener les affaires de la communauté. Elle se composera du général Tatichtchef, du prince Dolgorouky et de moi. Nous avons « siégé » cet après-midi et nous sommes arrivés à la conclusion qu'il fallait réduire le personnel. Cela nous serre le cœur ; il faudra renvoyer dix domestiques, dont plusieurs ont leur famille avec eux à Tobolsk. Quand nous annonçons cette nouvelle à Leurs Majestés, nous voyons quel chagrin elle leur cause : il faudra se séparer de serviteurs que leur dévouement même va réduire à la misère.

Vendredi 1er mars. — Entrée en vigueur du nouveau régime. A partir d'aujourd'hui, le beurre et le café sont exclus de notre table comme objets de luxe.

Lundi 4 mars. — Le comité des soldats a décidé de détruire la montagne de glace que nous avions construite (c'était une si grande distraction pour les enfants !), parce que l'empereur et l'impératrice y étaient montés pour assister de là au départ des soldats du 4e régiment. — Chaque jour de nouvelles vexations atteignent maintenant les personnages de l'entourage aussi bien que la famille. Voilà longtemps que nous ne

1. Le rouble n'avait plus à ce moment-là qu'environ le cinquième de sa valeur normale.

pouvons plus sortir qu'accompagnés par un soldat ; il
est probable qu'on va nous retrancher cette dernière
liberté.

Mardi 5 mars. — Les soldats sont venus hier soir
comme des malfaiteurs (car ils avaient bien le sentiment qu'ils faisaient une vilenie), défoncer la montagne
à coups de pioche. Les enfants sont désolés.

Vendredi 15 mars. — Les habitants de la ville étant
au courant de notre situation nous font parvenir par
divers moyens des œufs, des sucreries, des pâtisseries.

Dimanche 17 mars. — C'est dimanche de Carnaval.
Tout le monde est en liesse. Les traîneaux passent et
repassent sous nos fenêtres ; bruits de clochettes, gre-
lots, harmonicas, chants... Les enfants regardent tristement tous ces gens qui s'amusent. Depuis quelque
temps, ils commencent à s'ennuyer et leur captivité
leur pèse. Ils tournent dans la cour entourée de ses
hautes palissades pleines. Depuis que leur montagne
a été détruite, leur seule distraction est de scier et de
couper du bois.

L'arrogance des soldats dépasse tout ce qu'on peut
imaginer ; on a remplacé ceux qui sont partis par des
jeunes gens d'allure crapuleuse.

Leurs Majestés, malgré leur angoisse qui augmente
de jour en jour, gardent l'espoir que, parmi leurs fidèles,
il s'en trouvera bien quelques-uns pour tenter de les
délivrer. Jamais les circonstances n'ont été plus propices
à une évasion, car il n'y a pas encore de représentant
du gouvernement bolchévique à Tobolsk. Il serait facile,
avec la complicité du colonel Kobylinsky, d'avance
gagné à notre cause, de tromper la surveillance à la
fois insolente et négligente de nos gardiens. Il suffirait
de quelques hommes énergiques qui, du dehors, agi-

raient avec méthode et résolution. Nous avons insisté à plusieurs reprises auprès de l'empereur pour qu'on se tînt prêt à toute éventualité. Il y met deux conditions qui compliquent fort les choses : il n'admet pas que la famille soit séparée, ni qu'on quitte le territoire de l'empire russe.

L'impératrice me disait un jour à ce sujet :

— Pour rien au monde je ne veux quitter la Russie, car il me semble que si nous devions partir pour l'étranger, ce serait couper le dernier lien qui nous rattache au passé ; il me semble que ce passé mourrait sans retour.

Lundi 18 mars. — La famille va faire comme d'habitude ses dévotions pendant cette première semaine de carême. Il y a service religieux le matin et le soir. Comme les chanteurs ne peuvent venir à cause de leurs nombreuses occupations, l'impératrice et les grandes-duchesses chantent avec le diacre.

Mardi 19 mars. — On a parlé après déjeuner du traité de Brest-Litovsk qui vient d'être signé. L'empereur s'est exprimé à ce sujet avec une grande tristesse.

— C'est une telle honte pour la Russie et cela équivaut à un suicide. Je n'aurais jamais cru que l'empereur Guillaume et le gouvernement allemand pussent s'abaisser jusqu'à serrer la main de ces misérables qui ont trahi leur pays. Mais je suis sûr que cela ne leur portera pas bonheur ; ce n'est pas cela qui les sauvera de la ruine !

Le prince Dolgorouky ayant dit, un peu plus tard, que les journaux parlaient d'une clause par laquelle les Allemands exigeaient que la famille impériale leur fût remise saine et sauve, l'empereur s'écria :

— Si ce n'est pas une manœuvre pour me discréditer, c'est une injure qu'on me fait !

L'impératrice ajouta, à mi-voix :

— Après ce qu'ils ont fait à l'empereur, j'aime mieux mourir en Russie que d'être sauvée par les Allemands !

Vendredi 22 mars. — A neuf heures un quart, après le service du soir, tout le monde s'est confessé, les enfants, les domestiques, la suite, et enfin Leurs Majestés.

Samedi 23 mars. — Nous sommes allés ce matin, à sept heures et demie, à l'église. Sainte Communion.

Mardi 26 mars. — Un détachement de plus de cent gardes rouges est arrivé d'Omsk ; ce sont les premiers soldats maximalistes qui prennent garnison à Tobolsk. Notre dernière chance d'évasion nous est enlevée. Sa Majesté me dit cependant avoir des raisons de croire que, parmi ces hommes, il y a de nombreux officiers qui se sont engagés comme simples soldats ; elle m'affirme également, sans préciser comment elle le sait, qu'il y a trois cents officiers rassemblés à Tioumen.

Mardi 9 avril. — Le commissaire bolchévik, qui est arrivé d'Omsk avec le détachement, a exigé qu'on le laissât visiter la maison. Les soldats de notre garde ont refusé. Le colonel Kobylinsky est très inquiet, car il craint un conflit. Mesures de précaution ; patrouilles, postes doublés. Nous passons une nuit très agitée.

Mercredi 10 avril. — Séance plénière de notre garde, où le commissaire bolchéviste exhibe ses pleins pouvoirs. Il a le droit de faire fusiller, dans les vingt-quatre heures et sans jugement, tous ceux qui s'opposeront à ses ordres. On le laisse entrer dans la maison.

Vendredi 12 avril. — Alexis Nicolaïévitch est resté au lit, car il ressent depuis hier une violente douleur à l'aine, à la suite d'un effort. Il s'était si bien porté cet hiver ! Pourvu que ce ne soit rien de grave !

Un soldat de notre détachement, qui avait été envoyé à Moscou, est rentré aujourd'hui et a remis au colonel Kobylinsky un papier du Comité exécutif central bolchéviste, lui intimant l'ordre de nous mettre à un régime plus sévère encore. Le général Tatichtchef, le prince Dolgorouky et la comtesse Hendrikof doivent être transférés dans notre maison et considérés comme prisonniers. On annonce aussi l'arrivée prochaine d'un commissaire, avec pleins pouvoirs exceptionnels, qui amènera un détachement de soldats.

Samedi 13 avril. — Tous ceux qui habitaient dans la maison Kornilof : la comtesse Hendrikof, M*lle* Schneider, le général Tatichtchef, le prince Dolgorouky et M*r* Gibbes [1], déménagent chez nous. Seuls les docteurs Botkine et Dérévenko sont laissés en liberté. Les douleurs d'Alexis Nicolaïévitch ont augmenté depuis hier.

Lundi 15 avril. — Alexis Nicolaïévitch a beaucoup souffert hier et aujourd'hui. C'est l'une de ses grandes crises d'hémophilie.

Mardi 16 avril. — Le colonel Kobylinsky, l'officier de garde et quelques soldats sont venus faire une perquisition dans la maison. On a enlevé à l'empereur le poignard qu'il portait avec son uniforme de cosaque.

Lundi 22 avril. — Le commissaire de Moscou est arrivé aujourd'hui avec un petit détachement ; son nom est Yakovlef. Il a montré ses papiers au commandant et au comité des soldats. Le soir j'ai pris le thé chez Leurs Majestés. Tout le monde est inquiet, angoissé. On sent dans l'arrivée du commissaire une menace imprécise mais réelle.

Mardi 23 avril. — A onze heures arrive le commis-

1. Mon collègue, M*r* Gibbes, nous avait rejoints à Tobolsk dans le courant de septembre.

saire Yakovlef. Il visite toute la maison, puis passe
chez l'empereur et se rend avec lui chez Alexis Nicolaïévitch qui est au lit. N'ayant pas pu voir l'impératrice qui n'était pas prête, il revient un peu plus tard
avec son adjoint, et fait une seconde visite à Alexis
Nicolaïévitch. (Il voulait faire constater, par son adjoint
aussi, la maladie de l'enfant.) En sortant, il a demandé
au commandant si nous avions beaucoup de bagages.
S'agit-il donc d'un départ ?

Mercredi 24 avril. — Nous sommes tous très angoissés.
Nous avons le sentiment que nous sommes oubliés de
tout le monde, abandonnés à nous-mêmes, et à la merci
de cet homme. Est-il possible que personne ne fasse
la moindre tentative pour sauver la famille ? Où sont-
ils donc ceux qui sont restés fidèles à l'empereur ?
Pourquoi tardent-ils ?

Jeudi 25 avril. — Un peu avant trois heures, comme
je passais dans le couloir, j'ai croisé deux domestiques
qui sanglotaient. Ils me disent que Yakovlef est venu
annoncer à l'empereur qu'il l'emmenait. Que se passe-
t-il donc ? Je n'ose monter sans qu'on m'appelle et je
rentre chez moi. Un instant plus tard, Tatiana Nicolaïévna frappe à ma porte. Elle est en larmes et me dit
que Sa Majesté me demande. Je la suis. L'impératrice
est seule, très émue. Elle me confirme que Yakovlef
a été envoyé de Moscou pour emmener l'empereur et
que le départ aura lieu cette nuit.

— Le commissaire assure qu'aucun mal n'arrivera
à l'empereur et que si quelqu'un veut l'accompagner
on ne s'y opposera pas. Je ne puis laisser partir l'empereur seul. On veut le séparer de sa famille comme alors [1]...

---

1. L'impératrice faisait allusion à l'abdication de l'empereur.

On veut essayer de le pousser à quelque chose de mal en lui donnant des inquiétudes pour la vie des siens... L'empereur leur est nécessaire ; ils sentent bien que lui seul représente la Russie... A deux nous serons plus forts pour résister, et je dois être à ses côtés dans cette épreuve... Mais le petit est encore si malade... Si une complication survenait... Mon Dieu, quelle effroyable torture !... C'est la première fois de ma vie que je ne sais pas ce que je dois faire ; je me suis toujours sentie inspirée chaque fois que j'ai dû prendre une décision, et maintenant je ne sens rien... Mais Dieu ne permettra pas ce départ, il ne peut pas, il ne doit pas avoir lieu. Je suis sûre que cette nuit la débâcle se produira [1]...

Tatiana Nicolaïévna est intervenue à ce moment-là :

— Mais, maman, si papa doit quand même partir, il faut pourtant décider quelque chose...

J'ai soutenu alors Tatiana Nicolaïévna, disant qu'Alexis Nicolaïévitch allait mieux et que nous aurions grand soin de lui...

On sentait Sa Majesté torturée par l'indécision ; elle allait et venait dans la chambre, elle continuait à parler, mais elle s'adressait à elle-même plutôt qu'à nous. A la fin elle s'est approchée de moi et m'a dit :

— Oui, cela est mieux ainsi ; je partirai avec l'empereur ; je vous confie Alexis...

L'empereur est rentré un instant plus tard ; l'impératrice s'est portée au-devant de lui en disant :

— C'est décidé ; je partirai avec toi et Marie nous accompagnera.

L'empereur répondit :

1. Au moment de la débâcle, pendant quelques jours, la rivière était infranchissable ; il fallait attendre qu'on pût rétablir le bac.

— C'est bien, si tu le veux.

Je suis redescendu chez moi et toute la journée s'est passée en préparatifs. Le prince Dolgorouky et le docteur Botkine accompagneront Leurs Majestés, ainsi que Tchémadourof (valet de chambre de l'empereur), Anna Démidova (femme de chambre de l'impératrice) et Sèdnief (valet de pied des grandes-duchesses). Il a été décidé que huit officiers et soldats de notre garde partiront avec eux.

La famille a passé tout l'après-midi autour du lit d'Alexis Nicolaïévitch.

Le soir, à dix heures et demie, nous montons prendre le thé. L'impératrice est assise sur le divan, ayant deux de ses filles à côté d'elle. Elles ont

Menus des repas de la dernière journée passée par l'Empereur à Tobolsk, celle du 25 avril (12 avril du calendrier russe vieux style).
12 avril 1918. — Déjeuner : soupe aux betteraves : côtelettes de veau hachées, avec légumes. — Dîner : pommes de terre en robe de chambre, avec beurre ; jambon de porc frais, avec légumes.

tant pleuré qu'elles ont le visage tuméfié. Chacun de nous cache sa souffrance et s'efforce de paraître calme. Nous avons le sentiment que, si l'un de nous cède, il entraînera tous les autres. L'empereur et l'impératrice sont graves et recueillis. On sent qu'ils sont prêts à tous les sacrifices, y compris celui de leur vie, si Dieu,

dans ses voies insondables, l'exige pour le salut, du
pays. Jamais ils ne nous ont témoigné plus de bonté
et de sollicitude.

Cette grande sérénité, cette foi merveilleuse qui est
la leur s'étend sur nous.

A onze heures et demie, les domestiques se rassem-
blent dans la grande salle. Leurs Majestés et Marie
Nicolaïévna prennent congé d'eux. L'empereur embrasse tous les hommes, l'impératrice toutes les femmes.
Presque tout le monde pleure. Leurs Majestés se retirent ;
nous descendons tous dans ma chambre.

A trois heures et demie, les voitures arrivent dans la
cour. Ce sont d'horribles *tarantass* [1]. Une seule a une
capote. Nous trouvons dans l'arrière-cour un peu de
paille, que nous étendons dans le fond des voitures.
Nous mettons un matelas dans celle qui est destinée
à l'impératrice.

A quatre heures, nous montons chez Leurs Majestés
qui sortent à ce moment de la chambre d'Alexis Nicolaïévitch. L'empereur, l'impératrice et Marie Nicolaïévna prennent congé de nous. L'impératrice et les
grandes-duchesses pleurent. L'empereur semble calme
et trouve un mot encourageant pour chacun de nous ;
il nous embrasse. L'impératrice, en me disant adieu,
me prie de ne pas descendre et de rester auprès d'Alexis
Nicolaïévitch. Je me rends chez l'enfant qui pleure
dans son lit.

Quelques minutes plus tard, nous entendons le rou-
lement des voitures. Les grandes-duchesses, en remon-

---

1. Voiture de paysans formée d'une grande corbeille d'osier posée
sur deux longs bâtons qui font office de ressorts. Il n'y a pas de sièges ;
on est assis ou couché dans le fond.

tant chez elles, passent en sanglotant devant la porte de leur frère...

Samedi 27 avril. — Le cocher qui a conduit l'impératrice jusqu'au premier relais apporte un billet de Marie Nicolaïévna : les chemins sont défoncés, les conditions du voyage sont terribles. Comment l'impératrice pourra-t-elle supporter le trajet ? Quelle angoisse on éprouve pour eux !

Dimanche 28 avril. — Le colonel Kobylinsky a reçu un télégramme disant que tout le monde est bien arrivé à Tioumen, samedi soir, à neuf heures et demie!

On a placé dans la grande salle « l'église de campagne », le prêtre pourra servir la messe puisqu'il y a un autel consacré.

Le soir, arrive un second télégramme envoyé après le départ de Tioumen : « Voyageons dans de bonnes conditions. Comment va le petit ? Que Dieu soit avec vous. »

La région de l'Oural, avec Tobolsk et Ekaterinbourg.

Lundi 29 avril. — Les enfants ont reçu de Tioumen une lettre de l'impératrice. Le voyage a été très pénible. Chevaux dans l'eau jusqu'au poitrail au passage des rivières. Roues cassées à plusieurs reprises.

Mercredi 1er mai. — Alexis Nicolaïévitch s'est levé. Nagorny l'a porté jusqu'à son fauteuil roulant ; on l'a promené au soleil.

Jeudi 2 mai. — Toujours pas de nouvelles depuis qu'ils ont quitté Tioumen. Où sont-ils ? Ils auraient déjà pu arriver à Moscou mardi !

Vendredi 3 mai. — Le colonel Kobylinsky a reçu un télégramme disant que les voyageurs ont été retenus à Ekaterinbourg. Que s'est-il passé ?

Samedi 4 mai. — Triste veille de Pâques. On est oppressé.

Dimanche 5 mai. — Pâques. Toujours sans nouvelles.

Mardi 7 mai. — Les enfants ont enfin reçu une lettre d'Ekaterinbourg disant que tout le monde est en bonne santé, mais n'expliquant pas pourquoi on s'est arrêté dans cette ville. Que d'angoisse on sent entre les lignes !

Mercredi 8 mai. — Les officiers et les soldats de notre garde qui ont accompagné Leurs Majestés sont rentrés d'Ekaterinbourg. Ils racontent que le train de l'empereur a été entouré par des gardes rouges à son arrivée à Ekaterinbourg et que l'empereur, l'impératrice et Marie Nicolaïévna ont été incarcérés dans la maison Ipatief [1], que le prince Dolgorouky est en prison, et qu'eux-mêmes n'ont été remis en liberté qu'après deux jours de détention.

Samedi 11 mai. — Le colonel Kobylinsky a été écarté, et nous dépendons du Soviet de Tobolsk.

Vendredi 17 mai. — Les soldats de notre garde ont été remplacés par des gardes rouges amenés d'Ekaterinbourg par le commissaire Rodionof qui est venu

---

1. Maison appartenant à un riche marchand de la ville.

nous chercher. Le général Tatichtchef et moi, nous avons
le sentiment de devoir retarder le plus possible notre
départ ; mais les grandes-duchesses ont une telle hâte
de revoir leurs parents que nous n'avons pas moralement
ment le droit d'aller contre leur ardent désir.

Samedi 18 mai. — Vêpres. Le prêtre et les nonnes
ont été déshabillés et fouillés sur l'ordre du commissaire.

Dimanche 19 mai (6 mai, v. s.). — Fête de l'empereur... Notre départ est fixé à demain. Le commissaire
refuse de laisser venir le prêtre ; il interdit aux grandes-
duchesses de fermer leur porte la nuit.

Lundi 20 mai. — A onze heures et demie, nous quittons la maison et nous nous embarquons sur le *Rouss.*
C'est le même bateau qui nous a amenés il y a huit
mois avec Leurs Majestés. La baronne de Buxhœveden
qui a obtenu l'autorisation de partir avec nous est
venue nous rejoindre. Nous quittons Tobolsk à cinq
heures. Le commissaire Rodionof enferme Alexis Nico-
laïévitch avec Nagorny dans sa cabine. Nous protestons : l'enfant est malade et le docteur doit pouvoir
entrer chez lui à toute heure.

Mercredi 22 mai. — Nous arrivons le matin à Tioumen.

LE PRÊTRE CÉLÉBRANT LA MESSE DANS LA GRANDE SALLE DE
LA MAISON DU GOUVERNEUR, QUELQUES JOURS APRÈS LE DÉPART
DE LEURS MAJESTÉS ; MAI 1918.

LE BATEAU FLUVIAL " ROUSS ", QUI TRANSPORTA L'EMPEREUR ET
SA FAMILLE DE TIOUMEN A TOBOLSK EN AOUT 1917, ET LES ENFANTS
DE TOBOLSK A TIOUMEN EN MAI 1918.

LA MAISON IPATIEF, OÙ FUT INTERNÉE, PUIS MASSACRÉE, LA FAMILLE IMPÉRIALE RUSSE, A EKATERINBOURG.

Photographie prise du côté de la Perspective Vosnessensky, après la construction de la première clôture en planches.

CHAPITRE XXI

EKATERINBOURG
MORT DE LA FAMILLE IMPÉRIALE, DANS LA NUIT DU 16 AU 17 JUILLET 1918

En arrivant à Tioumen le 22 mai, nous fûmes immédiatement dirigés sous forte escorte vers le train spécial qui devait nous emmener à Ekaterinbourg. Au moment d'y monter avec mon élève, je fus séparé de lui et relégué dans un wagon de quatrième classe, gardé, comme tous les autres, par des sentinelles. Nous atteignîmes dans la nuit Ekaterinbourg et l'on s'arrêta à une certaine distance de la gare.

Le matin, vers neuf heures, plusieurs fiacres vinrent se ranger le long de notre train, et je vis quatre individus se diriger vers le wagon des enfants.

Quelques minutes s'écoulèrent, puis Nagorny, le matelot attaché à Alexis Nicolaïévitch, passa devant ma fenêtre portant le petit malade dans ses bras ; derrière lui venaient les grandes-duchesses chargées de valises et de menus objets. Je voulus sortir, mais je fus brutalement repoussé dans le wagon par la sentinelle.

Je revins à la fenêtre : Tatiana Nicolaïévna s'avançait la dernière, portant son petit chien et traînant péniblement une lourde valise brune. Il pleuvait et je la voyais

15

enfoncer à chaque pas dans la boue. Nagorny voulut se porter à son aide : il fut violemment rejeté en arrière par un des commissaires... Quelques instants plus tard les fiacres s'éloignaient emportant les enfants dans la direction de la ville.

Combien peu je me doutais que je ne devais plus revoir ceux auprès desquels j'avais passé tant d'années ! J'étais persuadé qu'on allait revenir nous chercher et que nous ne tarderions pas à les rejoindre.

Cependant les heures s'écoulaient. Notre train fut ramené en gare, puis je vis passer le général Tatichtchef, la comtesse Hendrikof et Mlle Schneider qu'on emmenait. Un peu plus tard, ce fut le tour de Volkof, valet de chambre de l'impératrice, de Kharitonof, chef de cuisine, du laquais Troup et du petit Léonide Sèdnief, marmiton de quatorze ans.

Sauf Volkof, qui parvint à s'échapper plus tard, et le petit Sèdnief, qui fut épargné, aucun de ceux qui furent emmenés ce jour-là ne devait sortir vivant des mains des bolchéviks.

Nous attendions toujours. Que se passait-il donc ? Pourquoi ne venait-on pas nous prendre à notre tour ? Nous nous livrions déjà à toutes sortes d'hypothèses lorsque, vers cinq heures, le commissaire Rodionof, qui était venu nous chercher à Tobolsk, entra dans notre wagon et nous annonça que « l'on n'avait plus besoin de nous » et que « nous étions libres ».

Libres ! Comment, on nous séparait d'eux ? Alors, tout était fini ! A l'excitation qui nous avait soutenus jusque-là succéda un profond découragement. Que faire ? Qu'entreprendre ? Nous étions accablés !

Je ne puis comprendre, aujourd'hui encore, ce qui a guidé les commissaires bolchéviks dans ce choix qui devait nous sauver la vie. Pourquoi, par exemple, emmener en prison la comtesse Hendrikof alors qu'on laissait en liberté la baronne de Buxhoeveden, comme elle demoiselle d'honneur de l'impératrice ? Pourquoi eux et pas nous ? Y a-t-il eu confusion de noms ou de fonctions ? Mystère !

Le lendemain et les jours suivants, je me rendis avec mon collègue chez les consuls d'Angleterre [1] et de Suède — le consul de France étant absent ; — il fallait à tout prix tenter quelque chose pour venir en aide aux prisonniers. Les deux consuls nous tranquillisèrent en nous disant que des démarches avaient été entreprises et qu'ils ne croyaient pas à l'imminence du danger.

Je passai devant la maison Ipatief dont on apercevait le haut des fenêtres au-dessus de la muraille de planches qui l'emprisonnait. Je n'avais pas encore perdu tout espoir d'y entrer, car le docteur Dérévenko, qui avait été autorisé à visiter l'enfant, avait entendu le docteur Botkine demander au nom de l'empereur au commissaire Avdief, commandant de la garde, qu'on me laissât les rejoindre. Avdief avait répondu qu'il en référerait à Moscou. En attendant, mes compagnons et moi nous campions tous, sauf le docteur Dérévenko qui avait pris logement en ville, dans le wagon de quatrième classe qui nous avait amenés. Nous devions y rester plus d'un mois !

Le 26, nous recevions l'ordre de quitter sans délai le territoire du gouvernement de Perm — dont fait partie Ekaterinbourg — et de retourner à Tobolsk.

1. Je tiens à rendre hommage à l'attitude très courageuse du consul d'Angleterre, M. Preston, qui ne craignait pas d'entrer en lutte ouverte avec les autorités bolchéviques, au risque de compromettre sa sécurité personnelle.

On avait eu soin de ne nous donner qu'un seul document pour tous afin de nous tenir groupés, ce qui facilitait la surveillance. Mais les trains ne marchaient plus, le mouvement antibolchévik des volontaires russes et tchèques [1] s'étendait rapidement, et la ligne était exclusivement réservée aux échelons militaires qu'on expédiait en hâte sur Tioumen. C'était un nouveau délai.

Comme je passais un jour en compagnie du docteur Dérévenko et de Mr Gibbes devant la maison Ipatief, nous aperçûmes deux fiacres arrêtés qu'entouraient de nombreux gardes rouges. Quelle ne fut pas notre émotion en reconnaissant, dans le premier, Sèdnief (le valet de pied des grandes-duchesses) assis entre deux gardiens. Nagorny s'approchait du second. S'appuyant sur le bord de la voiture, il monta sur le marche-pied et, comme il relevait la tête, il nous aperçut tous trois immobiles à quelques pas de lui. Il nous regarda fixement pendant quelques secondes, puis, sans faire un geste qui pût nous trahir, s'assit à son tour. Les voitures partirent et nous les vîmes prendre le chemin de la prison.

Ces deux braves garçons furent fusillés peu de temps après : tout leur crime avait été de n'avoir pu cacher leur indignation lorsqu'ils avaient vu les commissaires

1. En mai 1918, les troupes tchéco-slovaques (composées de volontaires, anciens prisonniers de guerre) qui, en raison du développement que leur avait donné Kerensky, formaient alors deux fortes divisions, se trouvaient échelonnées le long du transsibérien, de Samara à Vladivostok ; on se préparait à les faire passer en France. Le grand État-major allemand, voulant empêcher ces troupes de rejoindre en Europe les forces alliées, intima aux bolchévistes l'ordre de les désarmer. A la suite d'un ultimatum qui fut repoussé par les Tchèques, la lutte éclata entre eux et les troupes bolchéviks commandées par des officiers allemands. Des formations de volontaires russes ne tardèrent pas à se joindre aux troupes tchéco-slovaques. Telle fut l'origine du mouvement qui, parti d'Omsk, gagna bientôt toute la Sibérie.

bolchéviks s'emparer de la petite chaîne en or qui retenait les images saintes suspendues au lit d'Alexis Nicolaïévitch malade.

Quelques jours s'écoulèrent encore, puis j'appris par le docteur Dérévenko que la demande qui avait été faite à mon sujet par le docteur Botkine était rejetée.

Le 3 juin, on attela notre wagon à l'un des nombreux trains d'affamés qui, de Russie, venaient chercher en Sibérie leur subsistance, et nous fûmes dirigés sur Tioumen où nous arrivâmes le 15, après diverses péripéties. Quelques heures plus tard, je fus mis en état d'arrestation à l'État-major bolchévik où j'avais dû me rendre afin d'obtenir un visa indispensable pour mes compagnons et pour moi. Ce n'est que par un concours fortuit de circonstances que je fus relâché le soir et pus regagner le wagon où ils m'attendaient. Nous vécûmes ensuite des jours d'indicible angoisse, à la merci d'un hasard qui eût révélé notre présence. Ce qui, probablement, nous sauva, c'est que, perdus dans la foule des réfugiés qui encombraient la gare de Tioumen, nous réussîmes à passer inaperçus.

Le 20 juillet, les blancs (c'est ainsi que l'on désignait les troupes antibolchéviques) s'emparaient de Tioumen et nous délivraient des forcenés dont nous avions failli être les victimes. Quelques jours après, les journaux reproduisaient la proclamation affichée dans les rues d'Ekaterinbourg, annonçant que « la sentence de mort prononcée contre l'ex-tsar Nicolas Romanof avait été exécutée dans la nuit du 16 au 17 juillet, et que l'impératrice et les enfants avaient été évacués et mis en lieu sûr ».

Enfin, le 25 juillet, Ekaterinbourg tombait à son tour. A peine les communications rétablies, — ce qui fut fort long, car la voie ferrée avait beaucoup souffert, — nous accourions, Mr Gibbes et moi, pour nous mettre à la recherche de la famille impériale et de ceux de nos compagnons qui étaient restés à Ekaterinbourg.

Le surlendemain de mon arrivée, je pénétrai pour la première fois dans la maison Ipatief. Je parcourus, au premier étage, les chambres qui leur avaient servi de prison ; elles étaient dans un désordre ·indescriptible. On voyait que l'on s'était efforcé de faire disparaître toute trace de ceux qui les avaient habitées. Des monceaux de cendres avaient été retirés des poêles. Ils contenaient une foule de menus objets à demi calcinés, tels que brosses à dents, épingles à cheveux, boutons, etc., au milieu desquels je retrouvai l'extrémité d'une brosse à cheveux portant encore visibles sur l'ivoire bruni les initiales de l'impératrice : A. Θ. (Alexandra-Féodorovna) [1]. S'il était vrai que les prisonniers eussent été évacués, ils avaient dû être emmenés tels qu'ils étaient, sans même pouvoir emporter aucun des objets de toilette les plus indispensables.

Je remarquai ensuite sur le mur, dans l'embrasure d'une des fenêtres de la chambre de Leurs Majestés, le signe préféré de l'impératrice, le *sauvastika* [2] qu'elle faisait mettre partout comme porte-bonheur. Elle l'avait dessiné au crayon et avait ajouté dessous la date 17/30 avril, jour de leur incarcération dans la maison Ipatief. Le même signe, mais sans date, se retrouvait également sur le papier du mur, à la hauteur

1. La lettre Θ est le *théta* grec, dont la prononciation, qui n'a pas d'équivalent en français, se rapproche plutôt du son *f* que du *th*.
2. Le *sauvastika* est un symbole religieux de l'Inde qui consiste en une croix à branches égales, dont les extrémités sont recourbées à gauche; si elles le sont à droite, selon le mouvement apparent de translation du soleil, le signe est dit *svastika*.

du lit occupé sans doute par elle ou par Alexis Nicolaïévitch. Mais j'eus beau chercher, il me fut impossible de découvrir la moindre indication qui pût nous renseigner sur leur sort.

Je descendis ensuite à l'étage inférieur dont la plus grande partie était en sous-sol. Je pénétrai avec une émotion intense dans la chambre qui peut-être, — j'avais encore un doute, — avait été le lieu de leur mort. L'aspect en était sinistre au delà de toute expression. Le jour n'y pénétrait que par une fenêtre garnie de barreaux qui s'ouvrait dans le mur à hauteur d'homme. Les parois et le plancher portaient de nombreuses traces de balles et de coups de baïonnette. On comprenait à première vue qu'un crime odieux avait été commis là et que plusieurs personnes y avaient trouvé la mort. Mais qui ? Combien ?

J'en arrivais à croire que l'empereur avait péri et, cela étant, je ne pouvais admettre que l'impératrice lui eût survécu. Je l'avais vue à Tobolsk, lorsque le commissaire Yakovlef était venu pour emmener l'empereur, se jeter là où le danger lui apparaissait le plus grand. Je l'avais vue, après un supplice de plusieurs heures pendant lesquelles ses sentiments d'épouse et de mère avaient lutté désespérément, abandonner, la mort dans l'âme, son enfant malade pour suivre son mari dont la vie lui semblait menacée. Oui, c'était là chose possible, il se pouvait qu'ils eussent succombé tous deux, victimes de ces brutes. Mais les enfants ? Massacrés, eux aussi ? Je ne pouvais le croire. Tout mon être se révoltait à cette idée. Et cependant tout prouvait que les victimes avaient été nombreuses. Alors ?...

Les jours suivants, je continuai mes recherches à

Ekaterinbourg, dans les environs, au monastère, partout où je pouvais espérer recueillir quelque indice. Je vis le père Storojef qui, le dernier, avait célébré un office religieux dans la maison Ipatief le dimanche 14, soit deux jours avant la nuit terrible. Lui aussi, hélas ! gardait bien peu d'espoir.

L'instruction n'avançait que fort lentement. Elle avait débuté dans des circonstances extrêmement difficiles, car, entre le 17 et le 25 juillet, les commissaires bolchéviks avaient eu le temps de faire disparaître presque toutes les traces de leur crime. Dès la prise d'Ekaterinbourg par les blancs, les autorités militaires avaient fait mettre une garde autour de la maison Ipatief et une enquête judiciaire avait été ouverte, mais les fils avaient été si habilement brouillés qu'il était bien difficile de s'y retrouver.

La déposition la plus importante était celle de quelques paysans du village de Koptiaki, situé à 20 verstes au nord-ouest d'Ekaterinbourg. Ils étaient venus déclarer que, dans la nuit du 16 au 17 juillet, les bolchéviks avaient occupé une clairière dans une forêt proche de leur village et qu'ils y étaient restés plusieurs jours. Ils rapportaient des objets qu'ils avaient trouvés près d'un puits de mine abandonné, non loin duquel on voyait les traces d'un grand bûcher. Des officiers se rendirent dans la clairière indiquée et y découvrirent encore d'autres objets qui, comme les premiers, furent reconnus pour avoir appartenu à la famille impériale.

L'enquête avait été confiée à Ivan Alexandrovitch Serguéief, membre du tribunal d'Ekaterinbourg. Elle suivait un cours normal, mais les difficultés étaient très grandes. Serguéief inclinait de plus en plus à admettre la mort de tous les membres de la famille. Mais les corps restaient introuvables et les dépositions d'un certain nombre de témoins entretenaient l'hypothèse d'un transfert de l'impératrice et des enfants. Ces dépositions — comme ce fut établi par la suite — émanaient d'agents bolchéviks laissés à dessein à Ekaterinbourg pour égarer les recherches. Leur but fut partiellement atteint, car Serguéief perdit un temps précieux et fut long à s'apercevoir qu'il faisait fausse route.

Les semaines passaient sans apporter de nouvelles précisions. Je me décidai alors à rentrer à Tioumen, le prix de la vie étant très élevé à Ekaterinbourg. Avant de partir, j'obtins cependant de Serguéief la promesse qu'il me rappellerait si un fait nouveau de quelque importance se produisait au cours de l'instruction.

A la fin de janvier 1919, je reçus un télégramme du général Janin que j'avais connu à Mohilef alors qu'il était chef de la mission militaire française auprès du G. Q. G. russe. Il m'invitait à venir le rejoindre à Omsk. Quelques jours plus tard, je quittai Tioumen, et, le 13 février, j'entrai à la mission militaire que la France avait envoyée auprès du gouvernement d'Omsk [1].

L'amiral Koltchak, se rendant compte de l'importance historique de l'enquête qui se poursuivait au sujet de la disparition de la famille impériale, et désirant en connaître les résultats, avait chargé en janvier le général

1. Les Alliés avaient résolu de tirer parti du mouvement antibolchévique qui s'était produit en Sibérie, et d'utiliser sur place les troupes tchéco-slovaques en créant, sur la Volga, contre les troupes germanobolchéviques, un nouveau front qui pourrait faire diversion et retenir une partie des forces allemandes libérées par le traité de Brest-Litovsk. De là l'envoi par la France et l'Angleterre de missions civiles et militaires en Sibérie. Le gouvernement antibolchévique d'Omsk avait alors à sa tête l'amiral Koltchak.

Ditériks de lui apporter d'Ekaterinbourg les pièces de l'instruction, ainsi que tous les objets retrouvés. Le 5 février, il faisait appeler Nicolas Alexiévitch Sokolof, « juge d'instruction pour affaires particulièrement importantes [1] » et l'invitait à prendre connaissance de l'enquête. Deux jours plus tard, le ministre de la Justice, Starankévitch, chargeait ce dernier de continuer l'œuvre de Serguéief.

C'est à ce moment que je fis la connaissance de M. Sokolof. Dès notre première entrevue, je compris que sa conviction était faite et qu'il ne gardait plus aucun espoir. Pour moi, je ne pouvais croire encore à tant d'horreurs. « Mais les enfants, les enfants ? lui criais-je. — Les enfants, ils ont subi le même sort que leurs parents. Cela ne fait pas l'ombre d'un doute pour moi. — Mais les corps ? — C'est dans la clairière qu'il faut chercher, c'est là que nous trouverons la clef du mystère, car ce n'est pas simplement pour y brûler quelques vêtements que les bolchéviks y ont passé *trois jours et trois nuits*. »

Hélas ! les conclusions du juge d'instruction n'allaient pas tarder à être confirmées par la déposition d'un des principaux meurtriers, Paul Medviédef, qui venait d'être fait prisonnier à Perm. Sokolof étant à Omsk, ce fut Serguéief qui l'interrogea le 25 février à Ekaterinbourg. Il reconnut formellement que l'empereur, l'impératrice et les cinq enfants, le Dr Botkine et les trois domestiques avaient été tués dans le sous-sol de la maison Ipatief, au cours de la nuit du 16 au 17 juillet.

---

1. Il y avait en Russie trois catégories de juges d'instruction : a) juges d'instruction ordinaires ; b) juges d'instruction pour affaires importantes ; c) juges d'instruction pour affaires particulièrement importantes.

Mais il ne put, ou ne voulut donner aucune indication sur ce qu'on avait fait des corps après le meurtre.

Je travaillai pendant quelques jours avec M. Sokolof, puis il partit pour Ekaterinbourg afin de continuer sur place l'enquête commencée par Serguéief.

En avril, le général Ditériks qui rentrait de Vladivostok, — où il avait été envoyé en mission spéciale par l'amiral Koltchak, — vint le rejoindre et seconder ses efforts. A partir de ce moment, l'instruction allait faire de rapides progrès. Des centaines de personnes furent interrogées et, dès que la neige eut disparu, des travaux considérables furent entrepris dans la clairière où les paysans de Koptiaki avaient retrouvé des objets ayant appartenu à la famille impériale. Le puits de mine fut vidé et visité à fond. Les cendres et la terre d'une partie de la clairière furent passées au crible, tout le terrain environnant fut soigneusement examiné. On arriva à déterminer l'emplacement de deux grands bûchers et, plus vaguement, les traces d'un troisième... Ces recherches méthodiques ne tardèrent pas à amener des découvertes d'une extrême importance.

Se consacrant tout entier à l'œuvre entreprise, faisant preuve d'une patience et d'un dévouement inlassables, M. Sokolof devait arriver en quelques mois à reconstituer avec une méthode remarquable toutes les circonstances du crime.

CHAPITRE XXII

LES CIRCONSTANCES DU CRIME ÉTABLIES PAR L'ENQUÊTE

Dans les pages qui vont suivre, j'exposerai les circonstances du meurtre de la famille impériale, telles qu'elles ressortent des dépositions des témoins et des pièces de l'instruction. Des six forts volumes manuscrits où elle est consignée j'ai extrait les faits essentiels de ce drame au sujet duquel, hélas ! ne subsiste plus aucun doute. L'impression que l'on ressent à la lecture de ces documents est celle d'un effroyable cauchemar, mais je ne me crois pas le droit d'en atténuer l'horreur.

Vers la mi-avril 1918, Yankel Sverdlof, président du Comité exécutif central à Moscou, cédant à la pression de l'Allemagne [1], envoya le commissaire Yakovlef à Tobolsk pour procéder au transfert de la famille impériale. Ce dernier avait reçu l'ordre de la conduire à Moscou ou à Pétrograd. Il rencontra toutefois dans l'exécution de sa mission une résistance qu'il s'efforça de vaincre, ainsi que l'a établi l'enquête. Cette résis-

1. Le but que poursuivait l'Allemagne, c'était une restauration monarchique en faveur de l'empereur ou du tsarévitch, à la condition que le traité de Brest-Litovsk fût reconnu, et que la Russie devînt l'alliée de l'Allemagne Ce plan échoua grâce à la résistance de l'empereur Nicolas II qui fut probablement victime de sa fidélité à ses Alliés.

tance avait été organisée par le gouvernement régional de l'Oural, dont le siège était à Ekaterinbourg. C'est lui qui prépara, à l'insu de Yakovlef, le guet-apens qui devait permettre de s'emparer de l'empereur à son passage. Mais il paraît établi que ce projet avait reçu l'approbation secrète de Moscou. Il est plus que probable, en effet, que Sverdlof joua double jeu et que, tout en feignant d'obtempérer aux instances du général baron de Mirbach, à Moscou, il s'entendit avec les commissaires d'Ekaterinbourg pour ne pas laisser échapper le tsar. Quoi qu'il en soit, l'installation de l'empereur à Ekaterinbourg fut une improvisation. En deux jours, le marchand Ipatief était délogé de sa maison, et l'on se mit à construire une forte clôture de planches qui s'élevait jusqu'au haut des fenêtres du deuxième étage.

C'est là que furent conduits, le 30 avril, l'empereur, l'impératrice, la grande-duchesse Marie Nicolaïévna, le Dr Botkine et les trois serviteurs qui les accompagnaient : Anna Démidova, femme de chambre de l'impératrice, Tchémadourof, valet de chambre de l'empereur, et Sèdnief, valet de pied des grandes-duchesses.

Au début, la garde était formée de soldats que l'on prenait au hasard et qui changeaient fréquemment. Plus tard, ce furent exclusivement des ouvriers de l'usine de Sissert et de la fabrique des frères Zlokazof qui la composèrent. Ils avaient à leur tête le commissaire Avdief, commandant de « la maison à destination spéciale », — c'est ainsi que l'on désignait la maison Ipatief.

Les conditions d'existence des prisonniers étaient beaucoup plus pénibles qu'à Tobolsk. Avdief était un ivrogne invétéré qui se laissait aller à ses instincts grossiers et s'ingéniait avec ses subordonnés à infliger chaque jour de nouvelles humiliations à ceux dont il avait la garde. Il fallait accepter les privations, se soumettre aux vexations, se plier aux exigences et aux caprices de ces êtres vulgaires et bas.

Dès leur arrivée à Ekaterinbourg, le 23 mai, le tsarévitch et ses trois sœurs furent conduits à la maison Ipatief où les attendaient leurs parents. Succédant aux angoisses de la séparation, cette réunion fut une joie immense, malgré les tristesses de l'heure présente et l'incertitude d'un avenir menaçant.

Quelques heures plus tard, on amenait également Kharitonof (chef de cuisine), le vieux Troup (laquais) et le petit Léonide Sèdnief (marmiton). Le général Tatichtchef, la comtesse Hendrikof, Mlle Schneider et Volkof, valet de chambre de l'impératrice, avaient été conduits directement en prison.

Le 24, Tchémadourof, étant tombé malade, fut transféré à l'infirmerie de la prison ; — on l'y oublia et c'est ainsi qu'il échappa miraculeusement à la mort. Quelques jours après, on emmenait à leur tour Nagorny et Sèdnief. Le petit nombre de ceux qu'on avait laissés auprès des prisonniers diminuait rapidement. Par bonheur il leur restait le Dr Botkine dont le dévouement fut admirable et quelques domestiques d'une fidélité à toute épreuve : Anna Demidova, Kharitonof, Troup et le petit Léonide Sèdnief. En ces jours de souffrance, la présence du Dr Botkine fut un grand réconfort pour les prisonniers ; il les entoura de ses soins, servit d'intermédiaire entre eux et les commissaires et s'efforça de les protéger contre la grossièreté de leurs gardiens.

L'empereur, l'impératrice et le tsarévitch occupaient la pièce qui forme l'angle de la place et de la ruelle

Vosnessensky ; les quatre grandes-duchesses, la chambre
voisine dont la porte avait été enlevée ; les premières
nuits, n'ayant pas de lit, elles couchèrent sur le plancher.
Le docteur Botkine dormait dans le salon et la femme
de chambre de l'impératrice dans la pièce qui est à
l'angle de la ruelle Vosnessensky et du jardin. Quant
aux autres captifs, ils s'étaient installés dans la cuisine
et la salle adjacente.

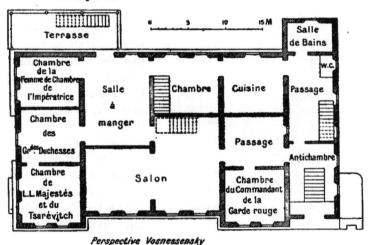

Perspective Vosnessensky

Plan du premier étage de la maison Ipatief.
La nuit du meurtre, la famille impériale passa par la salle à manger et la
cuisine et descendit l'escalier, à droite, au-dessous du mot *Passage*.

L'état de santé d'Alexis Nicolaïévitch avait été
aggravé par les fatigues du voyage ; il restait couché la
majeure partie de la journée et, lorsqu'on sortait pour
la promenade, c'était l'empereur qui le portait jusqu'au
jardin.

La famille et les domestiques prenaient leurs repas
en commun avec les commissaires, qui habitaient au

même étage qu'eux, vivant ainsi dans une promiscuité
de toute heure avec ces hommes grossiers qui le plus
souvent étaient ivres.

La maison avait été entourée d'une seconde clôture
de planches ; elle était devenue une véritable prison-
forteresse. Il y avait des postes de sentinelles à l'intérieur et à l'extérieur, des mitrailleuses dans le bâtiment

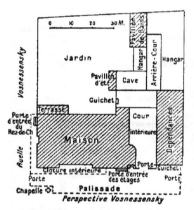

Plan de la propriété Ipatief.

et au jardin. La cham-
bre du commandant
— la première en en-
trant — était occupée
par le commissaire
Avdief, son adjoint
Mochkine et quelques
ouvriers. Le reste de
la garde habitait le
sous-sol, mais les
hommes montaient
souvent à l'étage su-
périeur et pénétraient
quand bon leur sem-
blait dans les cham-
bres où logeait la famille impériale.

Cependant la religion soutenait d'une façon remarquable le courage des prisonniers. Ils avaient gardé
cette foi merveilleuse qui, à Tobolsk déjà, faisait l'admiration de leur entourage et qui leur donnait tant de
force, tant de sérénité dans la souffrance. Ils étaient
déjà presque détachés de ce monde. On entendait souvent l'impératrice et les grandes-duchesses chanter des
airs religieux qui venaient troubler, malgré eux, leurs
gardiens.

Peu à peu, toutefois, ces gardiens s'humanisèrent au

LA MAISON IPATIEF, DU COTÉ DE LA RUELLE VOSNESSENSKY.

Au rez-de-chaussée, la fenêtre cintrée, entre deux arbres, est celle de la chambre du meurtre ; au-dessus, fenêtre de la chambre des Grandes-Duchesses ; les quatre fenêtres, jumelées deux par deux, à l'angle du premier étage, sont celles de la chambre de l'Empereur, de l'Impératrice et du Tsarévitch.

LE SIGNE PRÉFÉRÉ DE L'IMPÉRATRICE LE " SUUVASTIKA " PORTE-BONHEUR, QU'ELLE AVAIT DESSINÉ AU CRAYON DANS L'EMBRASURE D'UNE FENÊTRE DE SA CHAMBRE, A EKATERINBOURG, EN Y AJOUTANT LA DATE DU 17/30 AVRIL 1918.

A gauche, photographie de l'inscription placée sous une plaque de verre et quatre scellés.
A droite, calque de la même inscription.

YOUROVSKY, D'APRÈS UNE PHOTOGRAPHIE VERSÉE A L'ENQUÊTE.

CHAMBRE DES GRANDES-DUCHESSES DANS L'ÉTAT OU JE LA VIS QUAND
JE PÉNÉTRAI DANS LA MAISON IPATIEF. ON DISTINGUE, SUR LE
PLANCHER, LES CENDRES RETIRÉES DES POÊLES.

contact de leurs prisonniers. Ils furent étonnés de leur simplicité, attirés par leur douceur, subjugués par leur dignité sereine et bientôt ils se sentirent dominés par ceux qu'ils avaient cru tenir en leur pouvoir. L'ivrogne Avdief lui-même se trouva désarmé par tant de grandeur d'âme ; il eut le sentiment de son infamie. Une profonde pitié succéda chez ces hommes à la férocité du début.

Les autorités soviétiques, à Ekaterinbourg, comprenaient :

a) le *Conseil régional de l'Oural*, composé de 30 membres environ dont le président était le commissaire Biéloborodof ;

b) le *Présidium*, sorte de comité exécutif formé de quelques membres : Biéloborodof, Golochtchokine, Syromolotof, Safarof, Voïkof, etc. ;

c) la *Tchrezvytchaïka*, dénomination populaire de la « Commission extraordinaire pour la lutte contre la contre-révolution et la spéculation », dont le centre est à Moscou et qui a ses ramifications dans toute la Russie. C'est là une organisation formidable qui est la base même du régime soviétique. Chaque section reçoit ses ordres directement de Moscou et les exécute par ses propres moyens. Toute *Tchrezvytchaïka* de quelque importance dispose d'un détachement d'hommes sans aveu : le plus souvent des prisonniers de guerre austro-allemands, des Lettons, des Chinois, etc., qui ne sont en réalité que des bourreaux grassement rétribués.

A Ekaterinbourg, la *Tchrezvytchaïka* était toute-puissante, ses membres les plus influents étaient les commissaires Yourovsky, Golochtchokine, etc.

Avdief était sous le contrôle immédiat des autres

16

commissaires, membres du *Présidium* et de la *Tchrez-vytchaïka*. Ils ne tardèrent pas à se rendre compte du changement qui s'était opéré dans les sentiments des gardiens à l'égard de leurs prisonniers et résolurent de prendre des mesures radicales. A Moscou aussi on était inquiet, comme le prouve le télégramme suivant envoyé d'Ekaterinbourg par Biéloborodof à Sverdlof et à Golochtchokine (qui se trouvait alors à Moscou) : « Syromolotof vient de partir pour Moscou pour organiser l'affaire selon indications du centre. Appréhensions vaines. Inutile s'inquiéter. Avdief révoqué. Mochkine arrêté. Avdief remplacé par Yourovsky. Garde intérieure changée, d'autres la remplacent. »

Ce télégramme est du 4 juillet.

Ce même jour, en effet, Avdief et son adjoint Mochkine étaient arrêtés et remplacés par le commissaire Yourovsky, un Juif, et son second, Nikouline. La garde, formée — comme il a été dit — exclusivement d'ouvriers russes, fut transférée dans une maison voisine, la maison Popof.

Yourovsky amenait avec lui dix hommes — presque tous des prisonniers de guerre austro-allemands — « choisis » parmi les bourreaux de la *Tchrezvytchaïka*. A partir de ce jour, ce furent eux qui occupèrent les postes intérieurs, les postes extérieurs continuant à être fournis par la garde russe.

La « maison à destination spéciale » était devenue une *dépendance de la Tchrezvytchaïka* et la vie des prisonniers ne fut plus qu'un long martyre.

A cette époque, la mort de la famille impériale avait déjà été décidée à Moscou. Le télégramme cité plus haut le prouve. Syromolotof est parti pour Moscou

« afin d'organiser *l'affaire* selon les indications du centre »... Il va rentrer avec Golochtchokine apportant les instructions et les directives de Sverdlof. Yourovsky, en attendant, prend ses dispositions. Il sort plusieurs jours de suite à cheval, on le voit parcourir les environs, cherchant un endroit propice à ses desseins et où il puisse faire disparaître les corps de ses victimes. Et ce même homme, — cynisme qui dépasse tout ce qu'on peut imaginer, — s'en vient ensuite visiter le tsarévitch dans son lit !

Plusieurs jours s'écoulent ; Golochtchokine et Syromolotof sont rentrés, tout est prêt.

Le dimanche 14 juillet, Yourovsky fait appeler un prêtre, le Père Storojef, et autorise un service religieux. Les prisonniers sont déjà des condamnés à mort auxquels on ne saurait refuser les secours de la religion !

Le lendemain, il donne l'ordre d'emmener le petit Léonide Sèdnief dans la maison Popof où se trouve la garde russe.

Le 16, vers sept heures du soir, il ordonne à Paul Medviédef, en qui il avait toute confiance, — Medviédef était à la tête des ouvriers russes, — de lui apporter les douze revolvers, système Nagan, dont dispose la garde russe. Lorsque cet ordre est exécuté, il lui annonce que toute la famille impériale sera mise à mort cette nuit même et il le charge de le faire savoir plus tard aux gardes russes. Medviédef le leur communique vers dix heures.

Un peu après minuit, Yourovsky pénètre dans les chambres occupées par les membres de la famille impériale, les réveille, ainsi que ceux qui vivent avec eux, et leur dit de se préparer à le suivre. Le prétexte qu'il leur donne est qu'on doit les emmener, qu'il y a des émeutes en ville et qu'en attendant ils seront plus en sécurité à l'étage inférieur.

Tout le monde est bientôt prêt, on prend quelques menus objets et des coussins, puis l'on descend par l'escalier intérieur qui mène à la cour d'où l'on rentre dans les chambres du rez-de-chaussée. Yourovsky marche en tête avec Nikouline, puis viennent l'empereur portant Alexis Nicolaïévitch, l'impératrice, les grandes-duchesses, le docteur Botkine, Anna Démidova, Kharitonof et Troup.

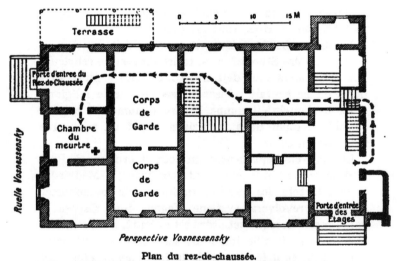

Plan du rez-de-chaussée.

La ligne pointillée indique le trajet parcouru par la famille impériale : descendue du premier étage, elle sortit dans la cour intérieure, remonta quelques marches et retraversa toute la maison pour arriver dans la chambre où elle allait être massacrée.

Les prisonniers s'arrêtent dans la pièce qui leur est indiquée par Yourovsky. Ils sont persuadés que l'on est allé chercher les voitures ou les automobiles qui doivent les emmener et, comme l'attente peut être longue, ils réclament des chaises. On en apporte trois. Le tsarévitch, qui ne peut rester debout à cause de sa jambe malade, s'assied au milieu de la chambre. L'empereur prend place à sa gauche, le docteur Botkine est debout à sa droite et un peu en arrière. L'impératrice s'assied près du mur (à droite de la porte par laquelle ils sont entrés), non loin de la fenêtre. On a mis un coussin sur sa chaise comme sur celle d'Alexis Nicolaïévitch. Elle a derrière elle une de ses filles, probablement Tatiana. Dans l'angle de la chambre, du même côté, Anna Démidova, — elle a gardé deux coussins dans ses bras. Les trois autres grandes-duchesses sont adossées au mur du fond et ont à leur droite dans l'angle Kharitonof et le vieux Troup.

L'attente se prolonge. Brusquement Yourovsky rentre dans la chambre avec sept Austro-Allemands et deux de ses amis, les commissaires Ermakof et Vaganof, bourreaux attitrés de la *Tchrezvytchaïka*. Medviédef aussi est présent. Yourovsky s'avance et dit à l'empereur : « Les vôtres ont voulu vous sauver, mais ils n'y ont pas réussi et nous sommes obligés de vous mettre à mort. » Il lève aussitôt son revolver et tire à bout portant sur l'empereur qui tombe foudroyé. C'est le signal d'une décharge générale. Chacun des meurtriers a choisi sa victime. Yourovsky s'est réservé l'empereur et le tsarévitch. La mort est presque instantanée pour la plupart des prisonniers. Cependant Alexis Nicolaïévitch gémit faiblement. Yourovsky met fin à sa vie d'un coup de revolver. Anastasie Nicolaïévna n'est que blessée et se met à crier à l'approche des meurtriers ; elle succombe sous les coups des baïonnettes. Anna Démidova, elle aussi, a été épargnée grâce aux coussins derrière lesquels elle se cache. Elle se jette de côté et d'autre et finit par tomber à son tour sous les coups des assassins.

Les dépositions des témoins ont permis à l'enquête de rétablir dans tous ses détails la scène effroyable du massacre. Ces témoins sont Paul Medviédef [1], l'un des meurtriers ; Anatole Yakimof, qui assista certainement au drame, quoiqu'il le nie, et Philippe Proskouriakof qui raconte le crime d'après le récit d'autres spectateurs. Tous les trois faisaient partie de la garde de la maison Ipatief.

Quand tout est terminé, les commissaires enlèvent aux victimes leurs bijoux, et les corps sont transportés à l'aide de draps de lit et des brancards d'un traîneau jusqu'au camion automobile qui attend devant la porte de la cour, entre les deux clôtures de planches.

Il faut se hâter avant le lever du jour. Le funèbre cortège traverse la ville encore endormie et s'achemine vers la forêt. Le commissaire Vaganof le précède à cheval, car il faut éviter toute rencontre. Comme on approche déjà de la clairière vers laquelle on se dirige, il voit venir à lui un char de paysans. C'est une femme du village de Koptiaki, qui est partie dans la nuit avec son fils et sa bru pour venir vendre son poisson à la ville. Il leur ordonne aussitôt de tourner bride et de rentrer chez eux. Pour plus de sûreté, il les accompagne en galopant à côté du char, et leur interdit sous peine

1. Medviédef fut fait prisonnier, lors de la prise de Perm par les troupes antibolchéviques en février 1919. Il mourut un mois plus tard à Ekaterinbourg du typhus exanthématique. Il prétendait n'avoir assisté qu'à une partie du drame et n'avoir pas tiré lui-même. (D'autres témoins affirment le contraire.) C'est là le procédé classique auquel tous les assassins recourent pour leur défense.

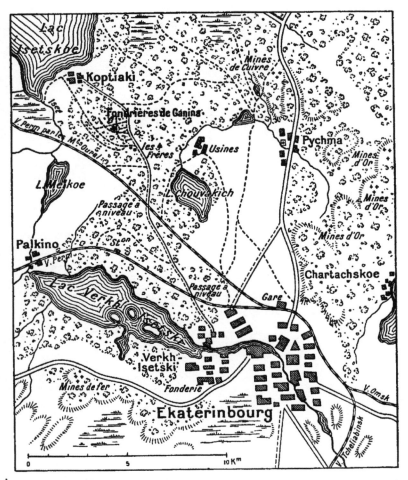

Environs d'Ekaterinbourg : la croix indique le lieu de l'incinération, dans une clairière voisine des fondrières de Ganina.

LA CHAMBRE OÙ FURENT MIS A MORT LES MEMBRES DE LA FAMILLE IMPÉRIALE ET LEURS COMPAGNONS DE CAPTIVITÉ, AU REZ-DE-CHAUSSÉE DE LA MAISON IPATIEF.

PUITS DE MINE OU FURENT JETÉES LES CENDRES.

TRAVAUX D'EXPLORATION DU PUITS DE MINE.

M. SOKOLOF EXAMINANT LES CENDRES DU BUCHER LE PLUS
RAPPROCHÉ DU PUITS DE MINE.

M. N. SOKOLOF, DEVANT LES TRACES D'UN DES BUCHERS, AU PIED
D'UN VIEUX BOULEAU.

LE D' BOTKINE QUI FUT MIS A MORT AVEC LA FAMILLE IMPÉRIALE.

GROUPE EXÉCUTÉ A TOBOLSK EN SEPTEMBRE 1917, LORSQU'ON
NOUS OBLIGEA A NOUS FAIRE PHOTOGRAPHIER.

De gauche à droite, au premier plan : Mlle Schneider et la comtesse Hendrikof.
fusillées à Perm ; au second plan : le général Tatichtchef et le prince Dolgorouky.
fusillés à Ekaterinbourg.

de mort de se retourner et de regarder en arrière. Mais
la paysanne a eu le temps d'entrevoir la grande masse
sombre qui s'avançait derrière le cavalier. Rentrée au
village, elle raconte ce qu'elle a vu. Les paysans intri-
gués partent en reconnaissance et viennent se heurter
au cordon de sentinelles qui a été placé dans la forêt.

Cependant, après de grandes difficultés, car les chemins sont très mauvais, le camion a atteint la clairière.
Les cadavres sont déposés à terre puis en partie déshabillés. C'est alors que les commissaires découvrent une
quantité de bijoux que les grandes-duchesses portaient
cachés sous leurs vêtements. Ils s'en emparent aussitôt,
mais dans leur hâte ils en laissent tomber quelques-
uns sur le sol où ils sont piétinés. Les corps sont ensuite
sectionnés et placés sur de grands bûchers, dont la
combustion est activée par de la benzine. Les parties
les plus résistantes sont détruites à l'aide d'acide sulfurique. Pendant trois jours et trois nuits les meurtriers
travaillent à leur œuvre de destruction sous la direction
de Yourovsky et de ses deux amis Ermakof et Vaganof.
On amène 175 kilogrammes d'acide sulfurique et plus
de 300 litres de benzine de la ville à la clairière !

Enfin, le 20 juillet, tout est terminé. Les meurtriers
font disparaître les traces des bûchers, et les cendres
sont jetées dans un puits de mine ou dispersées dans les
environs de la clairière, afin que rien ne vienne révéler
ce qui s'est passé.

Pourquoi ces hommes prennent-ils tant de soin à
faire disparaître toute trace de leur action ? Pourquoi,
alors qu'ils prétendent faire œuvre de justiciers, se

cachent-ils comme des criminels ? Et de qui se cachent-ils ?

C'est Paul Medvédief qui nous le fait savoir dans sa déposition. Après le crime, Yourovsky s'approche de lui et lui dit : « Maintiens les postes extérieurs de peur que le peuple ne se révolte ! » Et, les jours suivants, les sentinelles continuent à monter la garde autour de la maison vide, comme si rien ne s'était passé, comme si les clôtures renfermaient toujours les prisonniers.

Celui qu'il faut tromper, celui qui ne doit pas savoir, c'est *le peuple russe*.

Un autre fait le prouve, c'est la précaution prise, le 4 juillet, d'emmener Avdief et d'écarter la garde russe. Les commissaires n'avaient plus confiance en ces ouvriers des usines de Sissert et de la fabrique des frères Zlokazof, qui s'étaient pourtant ralliés à leur cause et qui étaient venus s'enrôler volontairement pour « garder Nicolas le sanguinaire ». C'est qu'ils savaient que, seuls, des forçats ou des étrangers, des bourreaux salariés, consentiraient à accomplir la besogne infâme qu'ils leur proposaient. Ces bourreaux furent : Yourovsky, un Juif, Medvédief, Nikouline, Ermakof, Vaganof, forçats russes, et sept Austro-Allemands.

Oui, c'est du peuple russe qu'ils se cachent, ces hommes qui prétendent en être les mandataires. C'est de lui qu'ils ont peur ; ils craignent sa vengeance.

Enfin, le 20 juillet, ils se décident à parler et à annoncer au peuple la mort de l'empereur, par une proclamation affichée dans les rues d'Ekaterinbourg.

Cinq jours plus tard, les journaux de Perm publient la déclaration suivante :

DÉCISION

du Présidium du Conseil régional des députés ouvriers, paysans et gardes rouges de l'Oural :

Étant donné que les bandes tchéco-slovaques menacent la capitale rouge de l'Oural, Ekaterinbourg ; étant donné que le bourreau couronné peut échapper au tribunal du peuple (on vient de découvrir un complot des gardes blancs ayant pour but l'enlèvement de toute la famille Romanof), le Présidium du Comité régional, en exécution de la volonté du peuple, a décidé : l'ex-tsar Nicolas Romanof, coupable devant le peuple d'innombrables crimes sanglants, sera fusillé.

La décision du Présidium du Conseil régional a été exécutée dans la nuit du 16 au 17 juillet.

La famille de Romanof a été transférée d'Ekaterinbourg dans un autre endroit plus sûr.

Le Présidium du Conseil régional des députés ouvriers, paysans, et gardes rouges de l'Oural.

DÉCISION

du Présidium du Comité exécutif central de toutes les Russies, du 18 juillet, a. c.

Le Comité exécutif central des Conseils des députés ouvriers, paysans, gardes rouges et cosaques, en la personne de son président, approuve l'action du Présidium du Conseil de l'Oural.

Le Président du Comité exécutif central :
Y. SVERDLOF.

Dans ce document, on fait état d'une sentence de mort prononcée soi-disant par le *Présidium* d'Ekaterinbourg contre l'empereur Nicolas II. Mensonge ! Le crime, nous le savons, a été décidé à Moscou par Sverdlof, et ses instructions ont été apportées à Yourovsky par Golochtchokine et Syromolotof.

Sverdlof a été la tête et Yourovsky le bras ; tous deux étaient juifs.

L'empereur n'a été ni condamné, ni même jugé, — et par qui aurait-il pu l'être ? — il a été assassiné. Que dire alors de l'impératrice, des enfants, du docteur Botkine et des trois domestiques qui ont succombé avec eux ? Mais qu'importe aux meurtriers : ils sont sûrs de l'impunité ; la balle a tué, la flamme a détruit et la terre a recouvert ce que le feu n'avait pu dévorer. Oh ! ils sont bien tranquilles, aucun d'eux ne parlera, car ils sont liés par l'infamie. Et c'est avec raison, semble-t-il, que le commissaire Voïkof peut s'écrier : « Le monde ne saura jamais ce que nous avons fait d'eux ! »

Ces hommes se trompaient.

Après quelques mois de tâtonnements, l'instruction entreprend des recherches méthodiques dans la forêt. Chaque pouce de terrain est fouillé, scruté, interrogé, et bientôt le puits de mine, le sol de la clairière et l'herbe des environs révèlent leur secret. Des centaines d'objets et de fragments d'objets, la plupart piétinés et enfoncés dans le sol, sont découverts, identifiés et classés par l'instruction. On retrouve ainsi entre autres :

La boucle du ceinturon de l'empereur, un fragment de sa casquette, le petit cadre portatif qui contenait le portrait de l'impératrice — la photographie en a disparu — et que l'empereur emportait toujours avec lui, etc.

Les boucles d'oreilles préférées de l'impératrice (l'une est brisée), des morceaux de sa robe, un verre de ses lunettes, reconnaissable à sa forme spéciale, etc.

La boucle du ceinturon du tsarévitch, des boutons et des morceaux de son manteau, etc.

Une quantité de petits objets ayant appartenu aux grandes-duchesses : fragments de leurs colliers, de leurs chaussures ; boutons, crochets, pressions, etc.

Six buscs de corsets en métal, « six », chiffre qui parle de lui-même, si l'on se rappelle le nombre des victimes : l'impératrice, les quatre grandes-duchesses et A. Démidova, la femme de chambre de l'impératrice.

Le dentier du docteur Botkine, des fragments de son lorgnon, des boutons de ses vêtements, etc.

Enfin, des ossements et des fragments d'ossements calcinés, en partie détruits par l'acide, et qui portent parfois la trace d'un instrument tranchant ou de la scie ; des balles de revolver — celles qui étaient restées dans les corps, sans doute — et une assez grande quantité de plomb fondu.

Lamentable énumération de reliques qui ne laissent, hélas ! aucun espoir et d'où la vérité se dégage dans toute sa brutalité et son horreur.

Le commissaire Voïkof se trompait : « Le monde sait maintenant ce qu'ils ont fait d'eux. »

Cependant les meurtriers s'inquiètent. Les agents qu'ils ont laissés à Ekaterinbourg pour égarer les recherches les tiennent au courant de la marche de l'instruction. Ils en suivent pas à pas les progrès. Et quand ils comprennent enfin que la vérité va être connue, que le monde entier saura bientôt ce qui s'est passé, ils ont peur et cherchent à faire retomber sur d'autres la responsabilité de leur forfait. C'est alors qu'ils accusent les socialistes-révolutionnaires d'être les auteurs du crime et d'avoir voulu par là compromettre le parti bolchévique. En septembre 1919, vingt-huit personnes, accusées faussement d'avoir pris part au meurtre de la famille impériale, sont arrêtées par eux à Perm et jugées. Cinq d'entre elles sont condamnées à mort et exécutées.

Cette odieuse comédie témoigne, une fois de plus, du cynisme de ces hommes qui n'hésitent pas à envoyer à la mort des innocents pour ne point encourir la responsabilité d'un des plus grands crimes de l'histoire.

Il me reste à parler de la tragédie d'Alapaevsk qui est étroitement liée à celle d'Ekaterinbourg et qui causa la mort de plusieurs autres membres de la famille impériale.

La grande-duchesse Elisabeth Féodorovna, sœur de l'impératrice, le grand-duc Serge Michaïlovitch, cousin de l'empereur, les princes Jean, Constantin et Igor, fils du grand-duc Constantin, et le prince Palée, fils du grand-duc Paul, avaient été arrêtés au printemps 1918 et conduits dans la petite ville d'Alapaevsk, située à cent cinquante verstes au nord d'Ekaterinbourg. Une nonne, Barbe Yakovlef, compagne habituelle de la grande-duchesse, et S. Remes, secrétaire du grand-duc Serge, partageaient leur captivité. On leur avait donné pour prison la maison d'école.

Dans la nuit du 17 au 18 juillet, vingt-quatre heures après le crime d'Ekaterinbourg, on vint les chercher et, sous prétexte de les emmener dans une autre ville, on les conduisit en voiture à quelque douze verstes d'Alapaevsk. C'est là, dans une forêt, qu'ils furent mis à mort. Leurs corps furent jetés dans un puits de mine abandonné où on les retrouva, au mois d'octobre 1918, recouverts par la terre éboulée à la suite de l'explosion des grenades à main qui avaient mis fin aux souffrances des victimes.

L'autopsie n'a relevé des traces d'armes à feu que sur le corps du grand-duc Serge et l'enquête n'a pu établir avec exactitude comment ses compagnons furent mis à mort. Il est probable qu'ils furent assommés à coups de crosses.

Ce crime, d'une brutalité inouïe, fut l'œuvre du commissaire Safarof, membre du *Présidium* d'Ekaterinbourg, qui ne fit d'ailleurs qu'exécuter les ordres de Moscou.

*
* *

Quelques jours après la prise d'Ekaterinbourg, alors qu'on s'occupait de remettre en état la ville et d'enterrer les morts, on releva deux cadavres non loin de la prison. Sur l'un d'eux, on trouva un reçu de 80.000 roubles au nom du citoyen Dolgorouky et. d'après les descriptions des témoins, il semble bien que c'était là le corps du prince Dolgorouky. Quant à l'autre, on a tout lieu de croire que c'était celui du général Tatichtchef.

L'un et l'autre sont morts, comme ils l'avaient prévu, pour leur empereur. Le général Tatichtchef me disait un jour à Tobolsk : « Je sais que je n'en ressortirai pas vivant. Je ne demande qu'une seule chose, c'est qu'on ne me sépare pas de l'empereur et qu'on me laisse mourir avec lui. » Il n'a même pas eu cette suprême consolation.

La comtesse Hendrikof et Mlle Schneider furent emmenées d'Ekaterinbourg quelques jours après le meurtre de la famille impériale, et conduites à Perm. C'est là qu'elles furent fusillées dans la nuit du 3 au 4 septembre 1918. Leurs corps furent retrouvés et identifiés en mai 1919.

Quant à Nagorny, le matelot d'Alexis Nicolaïévitch, et au laquais Ivan Sednief, ils avaient été mis à mort dans les environs d'Ekaterinbourg, au début de juin 1918. Leurs corps furent retrouvés deux mois plus tard sur le lieu de l'exécution.

Tous, du général au simple matelot, ils n'ont pas hésité à faire le sacrifice de leur vie et à marcher courageusement à la mort. Et ce matelot, humble paysan d'Ukraine, n'avait pourtant qu'un mot à dire pour être sauvé. Il n'avait qu'à renier son empereur ! Ce mot, il ne l'a pas dit.

C'est que, depuis longtemps, ils avaient, d'une âme simple et fervente, sacrifié leur vie à ceux qu'ils aimaient et qui avaient su faire naître autour d'eux tant d'attachement, de courage et d'abnégation.

ÉPILOGUE

L'été de 1919 fut marqué par les grands revers qui devaient amener, quelques mois plus tard, la chute du gouvernement de l'amiral Koltchak. Les troupes bolchéviques avaient repris Perm et menaçaient Ekaterinbourg. Il fallut se résigner à abandonner avant leur achèvement les travaux qu'on avait entrepris dans la clairière de Koptiaki. Le 12 juillet, la mort dans l'âme, N. Sokolof se décidait à partir pour Omsk. Il y passa le mois d'août, puis, voyant que la situation s'aggravait encore, il continua sa route sur Tchita, tandis que je restais moi-même à Omsk.

Quelques semaines après son départ, deux officiers russes se présentaient à la mission militaire française et demandaient à me parler. Ils m'annoncèrent que le général D... avait une communication importante à me faire, et qu'il me priait de bien vouloir me rendre auprès de lui. Nous prîmes place dans l'automobile qui nous attendait et, quelques instants plus tard, je me trouvais en sa présence.

Le général D... m'informa qu'il désirait me faire voir un jeune garçon qui prétendait être le tsarévitch. Je savais en effet que depuis un certain temps le bruit de la survivance du grand-duc héritier s'était répandu à Omsk. On signalait sa présence dans un bourg de l'Altaï. On m'avait raconté que la population s'était portée au devant de lui avec enthousiasme, — les écoliers avaient fait des collectes à son intention, — et

17

que le directeur de la poste lui avait offert, à genoux, le pain et le sel. En outre, l'amiral Koltchak avait reçu un télégramme par lequel on le priait de venir en aide au soi-disant tsarévitch. Ces racontars m'avaient laissé indifférent.

Craignant les troubles qui pouvaient résulter de ces circonstances, l'amiral avait fait amener à Omsk le « prétendant », et le général D... m'avait prié de venir, estimant que mon témoignage constituerait une certitude et couperait court à la légende naissante.

On entr'ouvrit la porte de la pièce voisine et je pus considérer sans qu'il s'en aperçut un jeune homme plus grand et plus fort que le tsarévitch, qui me parut âgé de quinze à seize ans. Par son costume marin, par la couleur de ses cheveux et la manière dont il les arrangeait, il rappelait très vaguement, de loin, Alexis Nicolaïévitch. A cela, d'ailleurs, se bornait la ressemblance.

Je fis part de mes observations au général D... On introduisit le jeune homme. Je lui posai quelques questions en français : il resta muet. Et comme on insistait pour qu'il me répondît, il déclara qu'il comprenait tout ce que je disais, mais qu'il avait ses raisons pour ne parler qu'en russe. Je m'adressai alors à lui dans cette langue. Ce fut tout aussi inutile. Il allégua qu'il était décidé à ne plus répondre qu'à l'amiral Koltchak lui-même. Ainsi se termina notre confrontation [1].

Le hasard avait mis sur mon chemin le premier des innombrables prétendants qui, pendant de longues années sans doute, seront un élément de trouble et d'agitation au sein de la masse ignorante et crédule des paysans russes.

1. Peu de temps après mon départ, le prétendu tsarévitch finit par avouer son imposture.

. *
* .

En mars 1920, je retrouvai le général Ditériks et N. Sokolof à Kharbine où ils étaient venus échouer comme moi après l'effondrement du gouvernement de l'amiral Koltchak. Leur émoi était grand, car la situation en Mandchourie devenait de jour en jour plus précaire et l'on pouvait s'attendre d'un instant à l'autre à ce que le chemin de fer de l'Est chinois tombât entre les mains des rouges. Les espions bolchéviks pullulaient déjà dans la gare et ses environs. Que faire des documents de l'enquête ? Où les mettre en lieu sûr ? Le général Ditériks et N. Sokolof s'étaient adressés au haut commissaire d'Angleterre, avant son départ pour Pékin, le priant de faire ramener en Europe les reliques de la famille impériale, ainsi que les pièces de l'enquête, et ce dernier avait demandé des instructions à son gouvernement. La réponse se faisait attendre. Elle arriva enfin... elle était négative !

C'est alors que je fis une démarche personnelle auprès du général Janin, pour le mettre au courant de la situation [1].

— Je suis tout disposé, me dit-il, à vous venir en aide. Je ne puis le faire que sous ma propre responsabilité, puisque le temps me fait défaut pour en référer à mon gouvernement. Mais il ne sera pas dit qu'un général français aura refusé les reliques de celui qui fut le fidèle allié de la France. Que le général Ditériks me fasse une demande écrite où il exprime sa certitude de mon acquiescement ; je considérerais le doute comme désobligeant.

1. La mission militaire française avait été évacuée peu à peu vers l'est et se trouvait en ce moment à Kharbine.

La lettre fut envoyée et le général Ditériks vint s'entendre avec le général Janin sur le mode de transmission du précieux dépôt à la personne qu'il lui désignait en Europe.

Deux jours après, le général Ditériks, ses deux officiers d'ordonnance, N. Sokolof et moi, nous chargions sur nos épaules les lourdes valises préparées à l'avance et nous nous dirigions vers le train du général Janin qui stationnait à une petite distance de la gare. Échelonnés à quelques pas les uns des autres, nous approchions du quai, lorsque les derniers d'entre nous virent soudain surgir de l'ombre quelques individus qui nous accostèrent en criant : « Où allez-vous ? Que portez-vous dans ces valises ? » Comme nous pressions le pas sans répondre, ils firent mine de nous arrêter et nous intimèrent l'ordre d'ouvrir nos valises. La distance à parcourir n'était heureusement plus très grande ; nous nous élançâmes au pas de course et, un instant plus tard, nous arrivions au wagon du général dont les sentinelles s'étaient portées à notre rencontre.

Enfin toutes les pièces de l'instruction étaient en sûreté. Il était temps, puisque, comme nous venions d'en avoir la preuve, nous étions repérés. Une heure plus tard, nous nous glissions l'un après l'autre hors du train et passions inaperçus entre les wagons des échelons voisins.

Le lendemain, le général Ditériks venait apporter au général Janin le coffret contenant les reliques de la famille impériale.

Cela se passait le 19 mars 1920.

₊

Plus rien ne me retenait en Sibérie. J'avais le sentiment d'avoir rempli envers ceux auxquels m'attachaient de si poignants souvenirs, le dernier devoir qu'il me fût possible de leur rendre sur le sol même où s'était accomplie leur tragique destinée. Plus de deux ans s'étaient écoulés depuis qu'on m'avait éloigné d'eux à Ekaterinbourg...

Ekaterinbourg !... Avec quelle émotion, au moment de quitter la Russie, je revivais jusqu'en leurs moindres détails les scènes douloureuses que ce nom évoquait devant mon esprit ! Ekaterinbourg, ce fut pour moi le désespoir de sentir vains tous mes efforts, ce fut la séparation cruelle et brutale ; pour eux, ce devait être la dernière étape de leur long calvaire, deux mois de souffrances à endurer encore avant la suprême délivrance.

C'était l'époque où l'Allemagne voulait triompher à tout prix et croyait enfin toucher à la victoire ; et, tandis que Guillaume fraternisait avec Lénine, ses armées tentaient encore une fois la ruée sur Paris.

Dans cet effondrement total de la Russie, il y avait cependant deux points où l'on résistait encore ; dans cette nuit profonde, il restait deux foyers où brillait la flamme de la foi.

C'était, d'une part, la vaillante petite armée de volontaires du général Alexéief qui luttait désespérément contre les régiments soviétiques encadrés d'officiers allemands. Et c'était, d'autre part, derrière les clôtures de planches qui l'emprisonnaient, l'empereur menant, lui aussi, son dernier combat. Soutenu par l'impératrice, il avait repoussé toutes les compromissions. Ils n'avaient plus rien à sacrifier que leur vie ; ils étaient prêts à la donner plutôt que de pactiser avec l'ennemi qui avait ruiné leur patrie en lui ravissant l'honneur.

Et la mort vint. Mais il lui répugnait de séparer ceux que la vie avait si étroitement liés, et elle les prit tous les sept, unis dans une même foi et un même amour.

Je sens bien que les événements ont parlé d'eux-mêmes. Ce que je pourrais ajouter maintenant, — si intensément que mon émotion ait été ravivée par le retour de ma pensée sur ces jours d'angoisse revécus parfois d'heure en heure, — ne paraîtrait que vaine littérature et sentimentalité hors de propos, auprès de la poignante signification des faits.

Je tiens cependant à affirmer ici cette conviction : il est impossible que ceux dont je viens de parler aient subi en vain leur martyre. Je ne sais quand cela sera, ni comment cela se fera ; mais, un jour ou l'autre, sans nul doute, quand la brutalité se sera comme saignée elle-même dans l'excès de sa fureur, l'humanité tirera du souvenir de leurs souffrances une invincible force de réparation morale.

Quelque révolte qu'on garde dans le cœur, et quelque juste que soit la vengeance, ce serait offenser leur mémoire que de souhaiter une expiation dans le sang.

L'empereur et l'impératrice ont cru mourir martyrs de leur pays : ils sont morts martyrs de l'humanité. Leur réelle grandeur ne tient pas au prestige de leur dignité impériale, mais à l'admirable hauteur morale à laquelle ils s'étaient élevés peu à peu. Ils étaient devenus une force d'idéal ; et, dans leur dépouillement même, ils ont rendu un émouvant témoignage à cette merveilleuse sérénité de l'âme contre laquelle aucune violence, aucune fureur ne peuvent rien, et qui triomphe jusque dans la mort.

TABLE DES MATIÈRES

Abbeville. — Imprimerie F. PAILLART.